Haftungsausschluss:

Die Ratschläge im Buch sind sorgfältig erwogen und geprüft. Alle Angaben in diesem Buch erfolgen ohne jegliche Gewährleistung oder Garantie seitens des Autors und des Verlags. Die Umsetzung erfolgt ausdrücklich auf eigenes Risiko. Eine Haftung des Autors bzw. des Verlags und seiner Beauftragten für Personen-, Sach- und Vermögensschäden oder sonstige Schäden, die durch die Nutzung oder Nichtnutzung der Informationen bzw. durch die Nutzung fehlerhafter und/oder unvollständiger Informationen verursacht wurden, ist ausgeschlossen. Verlag und Autor übernehmen keine Haftung für die Aktualität, Richtigkeit und Vollständigkeit der Inhalte und ebenso nicht für Druckfehler. Es kann keine juristische Verantwortung und keine Haftung in irgendeiner Form für fehlerhafte Angaben und daraus entstehende Folgen vom Verlag bzw. Autor übernommen werden.

Sollte diese Publikation Links auf Webseiten Dritter enthalten, so übernehmen wir für deren Inhalte keine Haftung, da wir uns diese nicht zu eigen machen, sondern lediglich auf deren Stand zum Zeitpunkt der Erstveröffentlichung verweisen.

Bibliografische Informationen der Deutschen Nationalbibliothek

Die Deutsche Nationalbibliothek verzeichnet diese Publikation in der Deutschen Nationalbibliografie; detaillierte bibliografische Daten sind im Internet über http://dnb.dnb.de abrufbar.

1. Auflage 2023
© 2023 by Remote Verlag, ein Imprint der Remote Life LLC, Oakland Park, US
Alle Rechte vorbehalten. Vervielfältigung, auch auszugsweise, nur mit schriftlicher Genehmigung des Verlages.

Redaktion: Melanie Krauß
Lektorat und Korrektorat: Annika Gutermuth, Annika Hülshoff, Fabian Galla
Umschlaggestaltung: Zarka Bandeira
Satz und Layout: Zarka Bandeira
Abbildungen im Innenteil: © Ilja Grzeskowitz

ISBN Print: 978-1-955655-92-7
ISBN E-Book: 978-1-955655-93-4
www.remote-verlag.de

ILJA GRZESKOWITZ

DIE MINDSET REVOLUTION

7 Erfolgsfaktoren
für mehr Motivation,
Selbstvertrauen und Zufriedenheit im Leben

FÜR MEINE SCHWESTER ALEXA

INHALT

PROLOG: WIE VIEL IST GENUG?

Im Mai 2005 schrieb der Schriftsteller Kurt Vonnegut im *The New Yorker Magazine* einen Nachruf auf seinen verstorbenen Kollegen Joseph Heller, der mit dem Roman *Catch 22* weltweit Berühmtheit erlangte. Dabei erzählt er die folgende Anekdote[1]: «Ich war zusammen mit Joseph zur Party eines Milliardärs auf Shelter Island eingeladen. Nachdem wir uns etwas umgesehen hatten, fragte ich ihn: ‚Joe, wenn du dich umschaust, wie fühlst du dich da?' Er antwortete: ‚Wie meinst du das?' ‚Naja, unser Gastgeber hat wahrscheinlich alleine gestern mehr Geld verdient, als du es mit deinem erfolgreichsten Roman in deiner gesamten Lebenszeit jemals tun wirst.' Joe entgegnete trocken: ‚Das ist vollkommen okay, denn ich habe etwas, was er niemals besitzen wird.' Ich fragte: ‚Was in aller Welt könnte das sein?' Und Joe sagte: ‚Das Wissen, dass ich genug habe.'»

Genug. Was für ein kraftvolles Wort. Haben Sie sich jemals gefragt, wie viel wirklich genug wäre? Wie viele materielle Güter müssten Sie anhäufen, um glücklich zu sein? Wie viel Geld müssten Sie verdienen, um sich sicher zu fühlen? Wie viel Veränderung wäre notwendig, damit Sie dauerhaft wachsen und ein zufriedenes und erfülltes Leben führen können? Genau diesen Fragen wollen wir uns in diesem Buch widmen. In Zeiten, die von intensivem Wandel und permanentem Transformationsdruck geprägt sind, fühlen sich immer mehr Menschen schlichtweg überfordert. Dies hat vor allem zwei Gründe:

Den ersten kennen wir alle. Anstatt neue Ideen mit offenen Armen zu begrüßen, schwelgt man lieber in der guten alten Zeit und tut das, was man schon immer getan hat. Denken Sie nur an Ihr persönliches Umfeld: Die Wahrscheinlichkeit ist hoch, dass Sie sofort ein Bild der vielen Zweifler, Skeptiker und veränderungsresistenten Menschen vor Ihrem geistigen Auge haben, die jeden noch so guten Vorschlag mit einem beherzten *Das haben wir ja noch nie so gemacht!* direkt im Keim ersticken. Ist es nicht so?

Ja, die Welt ist voller Bewahrer, die neue Wege konsequent ablehnen und sich mit aller Macht an der Vergangenheit festhalten. Das war schon immer so und wird wahrscheinlich auch immer so bleiben. Auch wenn diese sehr präsente Form der Neophobie insbesondere in Teams und Organisationen zu einer großen Belastung werden kann, möchte ich die betroffenen Zeitgenossen in meinen Überlegungen allerdings ausklammern. Erstens, weil sie ein Buch wie dieses sowieso niemals kaufen würden. Und zweitens, weil die Energie der Überzeugungsarbeit in der Regel komplett verschwendet ist. Denn wer sich nicht verändern will, der verändert sich nicht. Egal wie sehr wir an die Notwendigkeit appellieren, mit logischen Fakten argumentieren, mit dem berühmten Zuckerbrot locken oder der metaphorischen Peitsche drohen. So schwer es aus der Perspektive eines äußeren Betrachters manchmal auch fallen mag: Menschen verändern sich immer nur aus Gründen, die ihnen selbst wichtig sind, niemals aus jenen Gründen heraus, die wir als Familienmitglied oder Freundin gern hätten. Es ist daher die perfekte Gelegenheit, eine universelle Gesetzmäßigkeit der Verhaltenspsychologie noch einmal in aller Deutlichkeit zu formulieren:

Wir können andere Menschen nicht verändern,
wenn diese sich nicht verändern wollen.

Ich möchte mich lieber auf den zweiten Grund konzentrieren, warum Menschen Schwierigkeiten beim Umsetzen von *Change* haben, und damit auf all die offenen, innovativen und zukunftsorientierten Persönlichkeiten, die verstanden haben, dass Veränderungen zum Leben dazugehören wie die Luft zum Atmen. Jene, die wissen, dass fehlendes mentales Wachstum unweigerlich in Tristesse, Unzufriedenheit und Frustration mündet. Gehört man nämlich zu dieser Kategorie, hat man häufig mit einem viel größeren – und weitgehend unbeachteten – Problem zu kämpfen. Ich spreche von der Tendenz, zu viel verändern zu wollen. Ja, Sie haben richtig gelesen: Auch wenn *Change* eine ganz wundervolle Sache ist, kommt es wie immer im Leben darauf an, die richtige Balance zu finden. Oder wie es der Arzt Paracelsus bereits im 15. Jahrhundert formulierte: «Alle Dinge sind Gift, und nichts ist ohne Gift. Allein die Dosis macht, dass ein Ding kein Gift ist.»

SCHLUSS MIT DEM SELBSTOPTIMIERUNGSWAHN

Übertreibt man es nämlich mit den Veränderungen, dann führt dies mit an ein Schweizer Uhrwerk erinnernder Präzision zu einem Phänomen, das als *Selbstoptimierungswahn* bekannt ist. Dabei handelt es sich um den immer größer werdenden Druck, den Status quo mit aller Macht bekämpfen zu müssen, und damit einhergehend einen fast zwanghaften Drang nach vermeintlicher Verbesserung, neuen Stimuli und permanenter Rastlosigkeit. Die Resultate dieses Zustands sind noch gefährlicher als die altbekannte Veränderungsresistenz. Von einer inneren Unzufriedenheit angetrieben, wird man zu seinem größten Kritiker, probiert wahllos neue Wege aus und übertreibt es mit der Optimierung der vermeintlichen Schwachstellen, bis der ehemals positive Ansatz zu einer sich selbstverstärkenden Negativspirale wird, die von Angst, Druck und einer Tendenz zu Aktionismus geprägt wird. Egal ob etwas sinnvoll ist oder nicht, Hauptsache, man hat etwas verändert.

Doch damit nicht genug. Denn dieser sowohl schleichende, insbesondere aber unbewusst stattfindende Prozess mündet unweigerlich in Energielosigkeit, permanentem Stress und Überforderung und führt in letzter Konsequenz dazu, dass man noch viel unglücklicher ist als all die Besitzstandswahrer, Status-quo-Verteidiger und Vergangenheitsfestklammerer zusammen.[2] Das alles, obwohl man auf der bewussten Ebene alles dafür tut, das genaue Gegenteil zu erreichen. Diverse empirische Studien belegen die negativen Auswirkungen des dauerhaften Veränderungsdrucks auf unsere Psyche und generelle Gesundheit, aber auch der gesunde Menschenverstand legt die gleiche Schlussfolgerung nahe. Kennen Sie nicht auch Menschen, die es mit dem *Change* im Laufe der Zeit einfach übertrieben haben? Die ihr Verhalten, ihre Kommunikation, ihre Glaubenssätze, ihre Arbeitsabläufe und ihre vermeintlichen Schwächen so lange optimiert haben, dass sie überhaupt keine Ecken und Kanten mehr besitzen, weil sie komplett glattgeschliffen sind? Vor lauter Selbstoptimierungswahn haben diese Menschen überhaupt nicht wahrgenommen, dass der Kipppunkt längst überschritten wurde, durch den sich ihre ursprünglich positiven Veränderungen verselbstständigt haben.

Was ich damit meine? Dass grundsätzlich gute Eigenschaften ab einem bestimmten Punkt kontraproduktiv oder sogar destruktiv werden können. Lassen Sie mich Ihnen einige Beispiele geben. Würden Sie mir zustimmen, dass Liebe etwas Wunderschönes ist? Gut, das war jetzt eine rhetorische Frage. Aber was passiert, wenn man es übertreibt, wenn man obsessiv liebt? Dann führt diese eigentlich positive Eigenschaft irgendwann zu Besessenheit und belastender Klammerei. Aus wünschenswerter Sparsamkeit wird bei dauerhafter Übertreibung Geiz. Aus Skepsis wird Paranoia. Offenheit kann irgendwann leicht in Richtung Beliebigkeit kippen. Ich könnte die Liste noch weiterführen, aber ich denke, dass deutlich geworden ist, worauf ich hinauswill, nicht wahr?

Damit der Kipppunkt im Kontext von Veränderungen besser veranschaulicht werden kann, wollen wir uns den typischen Tagesablauf eines fiktiven Menschen anschauen, der sich nichts sehnlicher wünscht, als ein erfolgreiches und glückliches Leben zu führen. Um es etwas plastischer zu machen, wollen wir diese Person Uwe nennen, der vor Kurzem seinen gut bezahlten Job als IT-Administrator in einem großen Konzern hingeschmissen hat, um seiner Leidenschaft zu folgen und sich selbstständig zu machen. Wie genau sein Geschäftsmodell aussieht, kann Uwe noch nicht formulieren, aber er spürt genau, dass es sich um sein absolutes Herzensprojekt handelt.

Angetrieben von den gängigen Botschaften auf Social Media, den Ratschlägen in Büchern und den Kalendersprüchen einschlägiger YouTube-Videos hat Uwe es sich auf die Fahne geschrieben, seine persönliche Entwicklung nicht dem Zufall zu überlassen. Aus diesem Grund steht er auch bereits um 5 Uhr morgens auf. Warum? Ganz einfach. Uwe ist Mitglied im berühmten 5am Club[3]. Während andere noch schlafen, arbeitet Uwe bereits am Thema *Persönlichkeitsentwicklung*, obwohl er eigentlich ein Nachtmensch ist. Unausgeschlafen und müde startet er mit einer Stunde im Gym, um sich dort mit einem intensiven EMS-Workout und einer neuartigen Yogatechnik optimal auf den Tag einzustellen. Nach einer kalten Dusche steht zunächst eine Meditation auf dem Terminplan, gefolgt vom Ausfüllen des Erfolgsjournals. Um 7 Uhr frühstückt Uwe dann. Da er allerdings seine Kalorien genauestens mit einer App trackt, gibt es statt Brötchen mit Nutella nur einen Bulletproof Coffee, denn jemand hat Uwe einst erzählt, dass dies das wahre Breakfast for Champions sei.

Hungrig, aber entschlossen visualisiert er dann seine Ziele für den Tag, die er mit der SMART-Formel schriftlich festgehalten hat. Da dies allein aber noch nicht ausreichend ist, unterstützt er den Prozess mit entsprechenden Affirmationen, die er vor dem Spiegel aufsagt und mit seiner persönlichen Power-Pose abschließt.[4] Die To-do-Liste für den Vormittag hat er mit der Eisenhower-Matrix festgelegt, und damit er maximal produktiv ist, nutzt er die Pomodoro-Technik für eine optimale Nutzung seiner knappen Zeit. In den wenigen Pausen holt er sich immer wieder Inspiration auf Instagram, wo er der Créme de la Créme der Motivationsbranche folgt, die ihn regelmäßig mit Zitaten versorgen, welche ihn daran erinnern, wie wichtig es ist, ein Adler zu sein und auf keinen Fall ein Huhn.[5]

So langsam knurrt Uwe der Magen richtig laut, denn weil er der Philosophie des Intermittent Fasting folgt, darf er nur zwischen 12 Uhr und 20 Uhr feste Nahrung zu sich nehmen. Da Gewinner aber wissen, dass Kohlenhydrate müde machen, genießt er einen Green-Smoothie aus seiner dreiwöchigen Saftkur, die er sich gerade für mehrere Hundert Euro gekauft hat. Auf dem Weg zu einem Networking-Termin (er ist immer offen für Synergien) vertrödelt Uwe nicht etwa seine Zeit, sondern hört stattdessen den Podcast eines von ihm bewunderten Gurus (natürlich in 2,7-facher Geschwindigkeit), der ihn auditiv immer wieder daran erinnert, dass man es nur zu etwas bringen würde, wenn man bereit sei, die Extrameile zu gehen. Da er vor dem Termin noch etwas Zeit hat, übt er sich in der Wim-Hof-Atemtechnik, die ihn in die Lage versetzt, noch effizienter mit seinem stressigen Alltag als «Entrepreneur in Spe» umzugehen.

Nach einem gleichsam anstrengenden wie ergebnislosen Nachmittag macht Uwe nicht etwa Feierabend, denn er ist ja schließlich ein Adler. Stattdessen loggt er sich in den wöchentlich stattfindenden «Inner-Circle-Call» seiner exklusiven Gewinner-Mastermind-Gruppe ein, die von seinem Guru angeboten wird, und deren Mitglied er seit Kurzem für einen Jahresbeitrag von nur 35 Tausend Euro geworden ist. Uwe hat jetzt zwar Probleme, seine Miete pünktlich zu bezahlen, aber der Guru hat ihm versichert, dass er es nie zu etwas bringen würde, wenn er nicht in seine persönliche Entwicklung investieren würde. Nach dem Meeting hat er zwar immer noch keine Idee, wie er zu mehr Geld kommen könnte, dafür hat er aber den brandneuen Onlinekurs des Coaches gekauft, den es nur an diesem Abend zum Sonderpreis für 2.999 Euro gab.

Zum Ausklang des Tages gönnt sich Uwe eine Session mit seiner brandneuen Mind-Spa-App, bevor er um kurz nach Mitternacht noch schnell zu seinem Erfolgstagebuch greift, um den Tag schriftlich zusammenzufassen. Doch er muss sich beeilen, denn schon in wenigen Stunden ist es wieder 5 Uhr und der ganze Stress geht von vorne los.

Ja, ich gebe zu, dass ich zur Verdeutlichung manche Dinge etwas überspitzt dargestellt habe, aber kommt Ihnen all das nicht auch ein wenig bekannt vor, liebe Leserinnen und Leser? So wie Uwe geht es mittlerweile vielen Menschen. Ganz unabhängig davon, in welcher Lebenssituation sich diese aktuell befinden. Es betrifft die Studentin genauso wie den Solopreneur, die Managerin, die Außendienstlerin oder den alleinerziehenden Vater. Kein Wunder, denn die Welt dreht sich immer schneller, und die Taktung, die Intensität und die Unberechenbarkeit von externen Veränderungen und globalen Krisen hat im Laufe der letzten Jahre massiv zugenommen. Algorithmen bestimmen unseren Alltag, für jedes Problem gibt es heute eine passende Software und eine nicht gerade kleine Anzahl an Jobs wird in der Zukunft von künstlicher Intelligenz oder Maschinen übernommen werden. Immer mehr Menschen spüren instinktiv, dass wir uns an einem entscheidenden Wendepunkt in der Geschichte befinden. Diese Entwicklung hat dazu geführt, dass Schlagworte wie «Change-Management», «Transformation» und «Persönlichkeitsentwicklung» mittlerweile omnipräsent geworden sind, weil sich die Erkenntnis durchgesetzt hat, dass man entweder auf den Zug der Veränderung aufspringen kann oder sich irgendwann einsam und verlassen am Bahnsteig wiederfindet.

ICH BIN DOCH KEINE MASCHINE

An dieser Stelle kommt die übertriebene Selbstoptimierung ins Spiel. So erfreulich es auf den ersten Blick auch erscheinen mag, dass der aktive Umgang mit dem Wandel eine immer größere Priorität genießt, so fatal sind häufig die konkreten Resultate der Anstrengungen. Denn die traditionellen Seminare, Programme, Schulungen und Bücher, die sich dem Thema widmen, basieren alle auf einer grundlegenden Prämisse: So, wie man es bisher gemacht hat, ist es leider nicht mehr ausreichend. Es braucht neue Ideen, neue Wege und vor allem eines: Die Entwicklung der eigenen Persönlichkeit durch kontinuierliche Veränderungen.

Doch wie sehen die darauffolgenden Bemühungen in der Regel aus? Schlagen Sie ein beliebiges Buch aus der Self-Help-Szene auf und Sie werden die immer gleichen Botschaften finden, die mehr oder weniger subtil kommuniziert werden:

Dir fehlt etwas.
Du bist nicht gut genug.
Du hast dringenden Optimierungsbedarf.

Als Lösungen werden dann Modelle, Techniken und Werkzeuge vorgeschlagen, die alle in einer makellosen, außergewöhnlichen und vor allem perfekten Zukunft münden. Natürlich, die Versprechen klingen durchaus verlockend: Jede und jeder könne seinen bzw. ihren Traum leben, einen gut bezahlten Job haben, glückliche Beziehungen führen, finanziell ausgesorgt haben, fit und gesund und zudem frei von Sorgen sein. Wenn, ja wenn man die Anweisungen der Experten nur perfekt und bis ins letzte Detail ausführen würde. Natürlich springt einem der Haken an dieser Herangehensweise sofort ins Auge. Wir Menschen sind einfach nicht perfekt. Wir haben unsere Schwächen, sind nicht immer so diszipliniert, wie wir es gern wären, und auch unsere Motivation ist von Zeit zu Zeit im Keller. Wenn unperfekte Menschen nach einem perfekten Zustand streben, dann ist das Desaster zwangsläufig vorprogrammiert.

Getriggert von den Suggestionen des «*Dir fehlt etwas, du bist nicht gut genug und du hast dringenden Optimierungsbedarf*», versucht man verzweifelt, die eigenen Schwachstellen abzubauen. Den Status quo mit aller Macht zu bekämpfen. Die eigene Persönlichkeit neu aufzustellen. Nichts dem Zufall zu überlassen und jedes einzelne Detail des Lebens zu steuern, zu kontrollieren und zu optimieren. Angetrieben von Tools, Methoden und der regelmäßigen Erinnerung an den notwendigen Optimierungsbedarf, entwickelt man sich sukzessive zu einer menschlichen Laborratte, die so sehr damit beschäftigt ist, den vermeintlichen Mangel zu beseitigen, dass man irgendwann den eigentlichen Grund aus den Augen verliert, warum man ursprünglich mit all den Mühen begonnen hat: ein erfülltes und zufriedenes Leben zu führen, das diesen Namen auch verdient hat.

Hand aufs Herz, liebe Leserinnen und Leser: Haben Sie bei all den Veränderungen im persönlichen Alltag, dem dreiundzwanzigsten beruflichen Changeprozess innerhalb von fünf Jahren und den zahlreichen Krisen, mit denen wir uns immer häufiger auseinandersetzen müssen, nicht auch schon gedacht: «Mir reicht es jetzt, ich bin doch keine Maschine»? Dann möchte ich Sie gern einladen, sich der *Mindset-Revolution* anzuschließen und als Change-Rebell einen vollkommen neuen Weg einzuschlagen. Ich habe es mir nämlich zum Ziel gesetzt, diese Negativspirale zu durchbrechen und die immense Kraft von Veränderungen wieder in eine gesunde und erfüllende Richtung zu kanalisieren. Einen modernen Ansatz von *Change* zu vermitteln, der den Herausforderungen der Gegenwart gerecht wird und mit dem es gelingt, die Zukunft bei den Hörnern zu packen. Ohne Zwang. Ohne Druck. Dafür mit der richtigen Balance aus Leichtigkeit, Erfüllung und Lust auf die Gestaltung des eigenen Lebens. Die Grundlage der Revolution ist das Modell des «UnChange-Mindsets», das Sie nun in Form dieses Buchs in den Händen halten. Die Silbe «*Un*» steht dabei für den Gegensatz zu den gängigen Herangehensweisen und im ersten Kapitel gehen wir noch genauer auf die Hintergründe ein.

Ich hoffe sehr, dass Ihnen das Buch sowohl als Inspirationsquelle dienen wird als auch als motivierende Anstiftung, Ihr eigenes Ding zu machen. Mein Ziel ist dabei ambitioniert, denn ich möchte Sie gern für die Idee begeistern, dass wir in der bestmöglichen aller Zeiten leben: Trotz aller Krisen, Probleme und Herausforderungen bietet die Zukunft riesige Chancen. Allerdings nur dann, wenn wir sie nicht nur erkennen, sondern vor allem auch beim Schopfe packen.

Dabei ist mein Ansatz anders als wahrscheinlich alles, was Sie bisher zu diesem Thema gelesen oder gehört haben. Denn meine zentrale These lautet:

Veränderung gelingt dann am besten, wenn Sie sich von dem Gedanken verabschieden, dass es etwas zu optimieren gäbe.

Das exakte Gegenteil ist nämlich der Fall, und am besten lesen Sie sich den folgenden Satz so oft durch, bis Sie ihn tief in Ihrem Innersten verankert haben:

Sie sind gut so, wie Sie sind.

Mir ist durchaus klar, dass dieser Satz ein wenig kitschig daherkommt, aber er trifft den Nagel nun einmal auf den Kopf. Sie sind eine wundervolle und wertvolle Persönlichkeit mit den unterschiedlichsten Facetten. Mit all ihren Stärken und Schwächen. Mit all ihren Ecken und Kanten. Ganz egal, ob Sie mit Ihrer aktuellen Lebenssituation zufrieden sind oder am liebsten noch einmal komplett von vorne anfangen würden, es gibt nichts, aber auch gar nichts zu optimieren. Geben Sie mir Ihre Hand drauf, dass Sie diese Tatsache nie wieder vergessen werden? Wunderbar, dann hat sich für mich das Schreiben dieses Buches bereits jetzt mehr als gelohnt. Selbstverständlich bedeutet die Akzeptanz der individuellen Einzigartigkeit nicht, dass Ihre Zukunft nicht noch glücklicher, erfolgreicher oder erfüllter sein könnte. Ganz im Gegenteil, ich würde mir sogar wünschen, dass Ihr Kopf voller großer Ideen, mutiger Ziele und komplett verrückter Träume ist. Sie wissen schon, ich spreche von der Art von Träumen, bei denen Ihr Umfeld anfängt zu schwitzen und Sie fragt: «Du willst WAS tun?»

Glauben Sie mir, wir alle haben diese Träume. Aber nur die wenigsten trauen sich auch, sie wirklich zu leben. Weil die große Masse sich lieber im destruktiven Labyrinth des Selbstoptimierungswahns verirrt, anstatt die notwendigen

Veränderungen mit der richtigen Balance anzugehen. Nicht alles, was alt ist, ist automatisch schlecht. Und nicht alles, was neu ist, ist per se gut. Es kommt immer auf eine ausgewogene Mischung an. Wenn Sie gar nichts verändern, dann bleibt eben auch alles, wie es ist. Dieses fehlende persönliche Wachstum ist es, warum ein Großteil unserer Gesellschaft heute so frustriert und desillusioniert durch den Alltag geht. Genauso falsch ist es allerdings auch, wenn Sie es mit der Veränderung übertreiben. Wenn Sie keinen Stein auf dem anderen lassen, zu viel auf einmal wollen und sich so sehr einreden, dass Sie die eigenen Schwachstellen abbauen müssten, dass Sie sich im Laufe der Zeit immer mehr von sich selbst wegbewegen.

VIVA LA REVOLUCIÓN: DIE ZEIT DER «CHANGE-REBELLEN» IST GEKOMMEN

Die Grundlage unserer gemeinsamen *Mindset-Revolution* sind sieben wirkungsvolle Erfolgsfaktoren: Verantwortung, Bewusstheit, Sehnsucht, Gelassenheit, Bedeutung, Herzblut und Positivität. Sie führen zur notwendigen Balance, geben Ihren verschiedensten Vorhaben eine reproduzierbare Struktur und sorgen dafür, dass Sie über einen inneren Leuchtturm verfügen, der Ihnen die Richtung weist und dann besonders hell erstrahlt, wenn Sie durch dunkle Zeiten gehen. Warum gerade diese sieben Eigenschaften? Weil sie sich während meiner Recherche und insbesondere in meiner täglichen Arbeit als essenziell für erfolgreiche Veränderungen herausgestellt haben. Für sich allein sind sie schon extrem kraftvoll, doch erst in ihrer Kombination entfalten sie ihre magische Wirkung. Fast wie durch Zauberhand entsteht durch die kontinuierliche Anwendung nämlich ein Kontext, in dem neue Ideen entwickelt, neue Erfahrungen gemacht und neue Wege gegangen werden können.

Je bewusster Sie diese Erfolgsfaktoren im täglichen Leben anwenden, desto schneller führt es dazu, dass Sie mit Offenheit durch den Alltag gehen, Pfade abseits des Mittelmaßes beschreiten und sich durch das regelmäßige Erleben von Situationen außerhalb der eigenen Komfortzone als Persönlichkeit weiterentwickeln. Weil Sie nicht länger dem Selbstoptimierungswahn verfallen, sondern mit einer großen Portion Dankbarkeit die positiven Effekte von Veränderungen genießen können. Denn je mehr Sie akzeptieren, dass Ihnen nichts fehlt, desto mehr werden Sie in sich ruhen. Je mehr Sie Stress und Druck durch innere Leichtigkeit ersetzen, desto schneller werden Sie Ihre Ziele erreichen und je mehr Sie sich mit Selbstvertrauen und Intention auf den Weg machen, desto größer werden Ihre Durchbrüche in sämtlichen Lebensbereichen sein.

Um die Zusammenhänge hinter dieser Aussage zu verstehen, möchte ich Sie bitten, sich für den Moment einen Baum vorzustellen, den Sie vor Kurzem in Ihrem Garten gepflanzt haben. Dieser soll sinnbildlich für Ihr «UnChange-Mindset» stehen. Damit aus der jungen Pflanze einmal ein majestätisches Exemplar werden kann, bedarf es vor allem eines nähr- und mineralstoffreichen Mutterbodens, um bestmögliches Wachstum zu ermöglichen. In unserem Fall sind das die «UnChange-Beliefs», die ich Ihnen im ersten Kapitel vorstellen werde. Je älter der Baum dann wird, desto größer werden die einzelnen Wurzeln, die sich immer tiefer im Boden verankern. Dies sind die sieben «UnChange-Erfolgsfaktoren», die dem Stamm den notwendigen Halt verleihen, damit die einzelnen Äste maximal flexibel und biegsam agieren können. In unserer Metapher handelt es sich dabei um Ihr tägliches

Verhalten, Ihre Gedanken, Ihre Entscheidungen und Ihre Gewohnheiten.

Genau so entsteht nachhaltige Veränderung, denn nur wenn die Wurzeln Ihrem *Mindset-Baum* die notwendige Kraft geben, können die Äste bei Sonnenschein wachsen, sich aber auch in heftigen Stürmen, Regengüssen oder Gewittern biegen, anpassen und im Wind neigen. Die Balance aus Stabilität und Flexibilität lässt Ihr «UnChange-Mindset» sich immer weiterentwickeln, wodurch ein inneres Feuer entfacht wird, das sich im Außen in einer unbändigen Gestaltungslust widerspiegelt. Last but not least können Sie gar nicht anders, als hierauf die entsprechenden Taten folgen zu lassen, und zwar in genau der richtigen Mischung aus Einsatz und Entspannung, aus Wagen und Bewahren sowie aus Vollgasgeben und Durchatmen. Genau diese Menschlichkeit unterscheidet Sie von den kalten Maschinen und wird in den kommenden Jahren zu Ihrem größten Faustpfand werden.

Stellen Sie sich Ihren ganz persönlichen Baum bitte schon jetzt so detailliert und bildlich wie möglich vor, denn er wird uns durch das komplette Buch begleiten. Soll es eine majestätische Eiche sein, eine elegante Ulme oder eine Japanische Kirsche? Lassen Sie Ihrer Fantasie freien Lauf. Um Ihnen beim kreativen Prozess ein wenig zu helfen, finden Sie in der folgenden Abbildung eine grafische Zusammenfassung des «UnChange-Mindset-Modells».

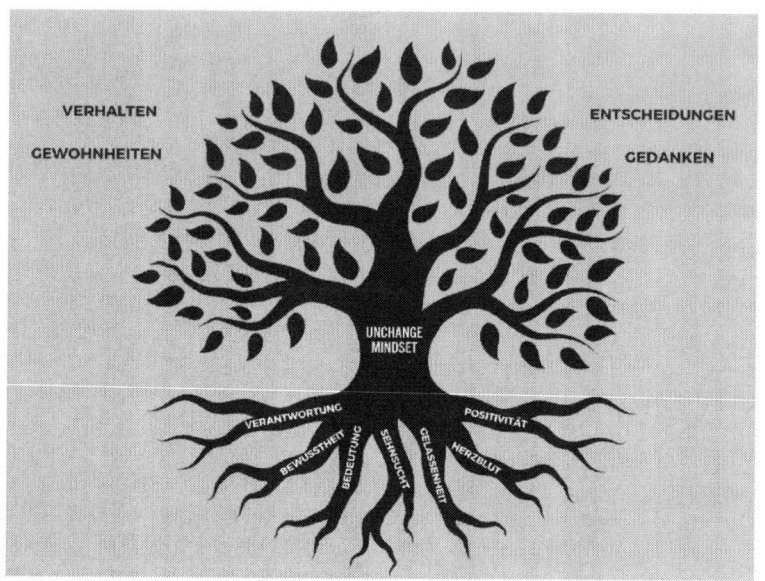

Haben Sie auch keine Lust mehr darauf, sich wie eine Maschine zu fühlen, die nur noch funktioniert? Spüren Sie, dass es Zeit für mehr Balance und Leichtigkeit in Ihrem Leben ist? Habe ich Sie zudem inspirieren können, dass wir als «Change-Rebellen» gemeinsam die ersten Samen Ihres «UnChange-Mindset-Baums» säen? Wunderbar. Jede Revolution beginnt immer mit einer unumstößlichen Entscheidung für eine bessere Zukunft. Um den notwendigen Mutterboden bestmöglich zu präparieren, werde ich Ihnen zu Beginn des Buches zunächst einen Überblick über die grundsätzliche Philosophie des «UnChange-Mindsets» geben, die uns als Rahmen, aber gleichsam auch als anziehende Vision und Attitüde dienen wird.

In den einzelnen Kapiteln widmen wir uns dann den Besonderheiten, Hintergründen und Anwendungsbeispielen der jeweiligen UnChange-Erfolgsfaktoren, damit diese sich als kraftvolle Anker für Ihre Ziele und Träume entwickeln können. Natürlich handelt es sich hierbei nur um das inhaltliche

Framework, welches den einzelnen Ideen und Themen einen Rahmen gibt. Mein eigentliches Ziel geht wesentlich tiefer. Ich möchte Sie nämlich anstiften, als «Change-Rebell» eine riesige Delle ins Universum zu hauen. Ein Leben zu führen, das von Selbstbestimmung und Sinnhaftigkeit geprägt ist. Tiefgehende Beziehungen zu führen. Ihre berufliche Erfüllung zu finden. Allem voran jedoch die immer häufiger auftretenden externen Veränderungen, Krisen und Probleme nicht passiv über sich ergehen zu lassen, sondern die Zukunft bei den Hörnern zu packen und Ihr ganz persönliches Glück aktiv zu gestalten, und zwar ohne Druck. Ohne Übertreibung und ohne wahllosen Aktionismus. Dafür mit Leichtigkeit, Balance und hoffentlich einer großen Portion Spaß.

Bevor wir damit beginnen, gestatten Sie mir noch einen kurzen, aber wichtigen Hinweis: In den letzten Jahren hat sich bezüglich genderkonformer Sprache eine Menge getan, was ich für wichtig und richtig halte. Um mir das Schreiben und Ihnen das Lesen durch die Verwendung von Gendersternchen, Doppelpunkten oder sonstigen Abkürzungen aber nicht unnötig kompliziert zu machen, versuche ich so gut es geht, zwischen der männlichen und weiblichen Form hin und her zu switchen. Ich bin mir sicher, dass mir das nicht perfekt gelingen wird, aber seien Sie bitte versichert, dass ich immer alle Geschlechter gleichzeitig anspreche, insbesondere auch diejenigen Menschen, die sich keinem konkreten Geschlecht zugeordnet fühlen.

Doch zurück zur Mindset-Revolution. Damit Sie in Ihre neue Rolle als Change-Rebellin so schnell wie möglich hineinwachsen können, werde ich mein Bestes tun, um an Ihren bestehenden Überzeugungen zu rütteln. Natürlich hoffe ich, dass viele meiner Ideen, Geschichten und Beispiele Sie in Ihrem bisherigen Tun bestätigen und dazu ermutigen, die nächste Stufe der Entwicklung zu betreten. Noch lieber wäre es mir allerdings, wenn ich Sie mit dem einen oder anderen Gedanken herausfordern könnte. Je mehr Sie innerlich in den Widerstand gehen, desto größer ist die Wahrscheinlichkeit, dass es sich um einen großen Durchbruch für Ihr persönliches Wachstum handeln könnte. Ich möchte Sie daher bereits jetzt um einen Vertrauensvorschuss bitten, und Sie einladen, der jeweiligen Idee in diesen Momenten mit einer besonderen Portion Offenheit zu begegnen.

Eine meiner tiefsten Überzeugungen lautet: In jedem von uns lodert ein Feuer, das nur darauf wartet, entzündet und an die Oberfläche gebracht zu werden. Es wäre mir eine große Ehre und Freude, wenn dieses Buch der entscheidende Funke sein würde, der genau dies in Ihrem Leben tut. Von Jean Paul stammt ein Zitat, das mir seit vielen Jahren als eine Art Lebensmotto dient: «Gehe nicht dahin, wohin der Weg Dich führt, sondern dahin, wo kein Weg ist, und hinterlasse eine Spur.» Sind Sie bereit, Spuren zu hinterlassen? Dem Leben den Stempel Ihrer einzigartigen Persönlichkeit aufzudrücken? Wunderbar, dann genießen Sie die einzelnen Etappen in Form der Kapitel so intensiv wie möglich. Aber Vorsicht, Ihr neues «UnChange-Mindset» könnte Ihr Leben entscheidend zum Positiven verändern. Lesen Sie also besser nicht weiter, wenn es Ihnen lieber wäre, wenn alles genau so bleibt, wie es jetzt ist. Sollten Sie allerdings bereit dazu sein, die Zukunft bei den Hörnern zu packen, dann lassen Sie uns als Change-Rebellen eine Revolution starten, die einen radikal anderen Umgang mit Veränderung etabliert. Ich freue mich auf unseren gemeinsamen Weg. Auf nachhaltige Veränderungen jenseits des Selbstoptimierungswahns. Viva la Revolution.

Herzlichst, Ihr
Ilja Grzeskowitz

KAPITEL 1

UNCHANGE YOUR MINDSET

Ich gebe es offen zu: Ich bin ein riesiger *Mindset-Fan*. Ich benutze den Begriff so häufig, dass meine Fokussierung auf den Erfolgsfaktor der inneren Haltung mittlerweile sogar schon auf meine Familie abfärbt. So teilte mir meine neunjährige Tochter Elisabeth vor ihrer letzten Mathearbeit mit: «Das Lernen der Formeln ist gar nicht so wichtig, Papa. Das *Mindset* ist viel entscheidender.» Aber was genau verbirgt sich eigentlich hinter diesem Begriff, der sich immer mehr verbreitet und mittlerweile sogar an der Arnold-Zweig-Grundschule in Berlin-Pankow angekommen zu sein scheint?

Die wohl bekannteste Forschungsarbeit zum Thema *Mindset* geht auf die amerikanische Verhaltensforscherin Dr. Carol Dweck zurück, die in ihrem Buch *Mindset – Changing the way you think to fulfil your potential* von einem «Fixed Mindset» und einem «Growth Mindset» spricht. Beim «Fixed Mindset» (starr, unflexibel) gehen Menschen laut Dweck davon aus, dass ihre Talente, Fähigkeiten und Denkweisen fixe Eigenschaften sind, die entweder vorhanden oder auch nicht vorhanden, auf keinen Fall jedoch veränderbar sind. Beim «Growth Mindset» (geprägt durch Wachstum, Entwicklung) hingegen sind die Menschen davon überzeugt, dass die beschriebenen Faktoren veränderbar und ausbaufähig sind, wenn man nur ausreichend trainiert, lernt und an sich arbeitet.

Auf Deutsch ist der aus dem Englischen stammende Begriff *Mindset* schwer zu übersetzen, denn für das englische Wort

«Mind» gibt es leider kein entsprechendes Synonym. Im allgemeinen Sprachgebrauch wird es daher oft mit «Einstellung», «Haltung», «Mentalität» oder «Denkweise» verwendet, während das Online-Lexikon Wikipedia das *Mindset* als «[...] eine vorherrschende psychische Persönlichkeitseigenschaft (Prädisposition) im Sinne eines Denk- und Verhaltensmusters einer Person oder sozialen Gruppe»[6] definiert.

Für mich geht diese Definition allerdings noch nicht weit genug. Wenn wir im Laufe dieses Buches daher den Begriff *Mindset* verwenden, dann steht er für Folgendes:

Das Mindset basiert auf unserer Identität und ist die Summe unserer Werte, Überzeugungen, Erfahrungen, Fähigkeiten, Persönlichkeitseigenschaften, Gewohnheiten, Entscheidungsstrategien und unserer generellen Attitüde dem Leben gegenüber. Es ist weniger das, was wir tagtäglich tun, sondern vor allem die Art und Weise, wie wir es machen und der Purpose (emotionaler Grund), also das Warum und Wofür.

Dieser Satz klingt Ihnen zu kompliziert? Wie wäre es dann mit folgender Metapher:

Ihr Mindset ist für Sie, was die künstliche Intelligenz Jarvis für Iron Man ist.[7]

Können Sie sich noch erinnern? In den erfolgreichen Marvel-Filmen hatte der von Robert Downey Jr. gespielte Milliardär Tony Stark eine von ihm programmierte künstliche Intelligenz als Assistenten, mit dem er mittels Sprachbefehlen kommunizieren konnte. Wann immer er eine Information benötigte, verschiedene Handlungsoptionen abwägen musste oder vor einer schwierigen Entscheidung stand, startete Jarvis einige Rechenoperationen, durchforstete seine Datenbank und versorgte Tony Stark nach wenigen Millisekunden mit dem gewünschten Wissen, bestimmten Zahlen, Daten und Fakten oder einem auf Erfolgswahrscheinlichkeiten basierenden Ratschlag.

Mit Ihrem *Mindset* verhält es sich sehr ähnlich. Nur dass Sie Ihre mentale Software nicht bewusst programmiert haben, sondern dass sich Ihre innere Datenbank im Laufe der Jahre durch die Anhäufung und Vertiefung von Wissen, Fähigkeiten, Werten, Gewohnheiten, Erfahrungen und den verschiedensten Überzeugungen von ganz allein immer mehr vergrößert hat. Vor jeder Entscheidung, vor jeder Handlung und auch vor jedem einzelnen Gedanken kommt es zu einem Abgleich mit den Daten der Vergangenheit, bevor das Programm dann unbewusst und zuverlässig abgespult wird.

Ihr Mindset ist wie eine von Ihnen programmierte Software, die automatisiert im Hintergrund abläuft, Sie unterstützt, berät und Sie immer wieder an das erinnert, was wirklich wichtig ist.

Das *Mindset* bestimmt Ihre generelle Sicht auf die Welt, beeinflusst sämtliche Ihrer Verhaltensstrategien und wirkt wie ein stets funktionierendes inneres GPS-System, das Sie sicher durch die verschiedensten Abenteuer des Alltags navigiert. Die Qualität Ihres *Mindsets* bestimmt also Ihre generelle Lebensqualität. Bedeutet dies nun, dass Sie einfach nur Ihr aktuelles *Mindset* etwas aufpeppen und in eine positive Richtung shiften müssen, und schon klappt es mit dem Erfolg? Wenn Sie meinen bisherigen Ausführungen gefolgt sind, dann ahnen Sie die Antwort sicher schon, oder? Natürlich ist dies nicht der Fall.

Ich möchte Sie noch einmal an eine der wichtigsten Aussagen dieses Buches erinnern: Sie sind okay so, wie Sie sind. Dementsprechend ist auch Ihr aktuelles *Mindset* zu diesem Zeitpunkt im Leben genau richtig. Das Einzige, was es zu tun gibt, ist, die nächste Entwicklungsstufe einzuläuten. Das wiederum tun Sie, indem Sie die Vorsilbe «Un» zu Ihrer inneren Haltung hinzufügen.

VERÄNDERUNG MAL «UN»DERS

Es war ein wunderschöner Tag im Sommer 2015. Die Sonne brannte mir ins Gesicht und nachdem ich mir gerade die verschiedensten Sehenswürdigkeiten in Washington D.C. angesehen hatte, befand ich mich auf dem Rückweg zu meinem Hotel in Georgetown. Während ich die Atmosphäre dieses beeindruckenden Stadtteils auf mich wirken ließ, drehten sich meine Gedanken nur um ein Thema: Wenige Stunden zuvor hatte ich auf einer Konferenz den Worten meines Kollegen Scott Stratten gelauscht und stolperte in seinem Vortrag über den Begriff *UnMarketing*[8]. Die dahinterstehende Philosophie war so genial, dass sie mir nicht mehr aus dem Kopf gehen wollte: Marketing zu betreiben, ohne Marketing zu betreiben.

Ich kann Ihre gedankliche Verwirrung beim Lesen dieser Aussage fast schon spüren. Tatsächlich steckt dahinter eine sehr sinnvolle Logik. Beginnen wir mit folgender Frage: Warum scheitert Marketing so häufig? Weil Kunden von den üblichen Werkzeugen wie künstlicher Verknappung (nur noch heute), unglaubwürdigen Angeboten (nur 29 Euro statt 1.999 Euro) oder lebensfremden Versprechungen (schreiben Sie Ihren Bestseller mit nur acht Stunden Arbeit) schlicht und einfach genervt sind. Sobald man aber auf diesen Ansatz verzichtet und sich auf den nachhaltigen Aufbau von Beziehungen zu seiner Zielgruppe konzentriert, dann kaufen die Menschen irgendwann von ganz allein und vor allem gern. Weil man zu einer starken Marke geworden ist, der man vertraut und die sich über eine Pull-Strategie zur Nummer 1 in den Köpfen ihrer Kunden etabliert hat.[9] Das gleiche Prinzip kennen Sie möglicherweise auch von sogenannten «UnConferences». Anders als bei klassischen Konferenzen gibt es hier keine dauerhafte Frontalbeschallung, sondern nur einen groben Rahmen, der dann von den Teilnehmenden aktiv gefüllt werden kann.[10] Ein wirklich geniales Format.

Als ich gerade die berühmte Georgetown University passierte, hatte ich einen ganz persönlichen Heureka-Moment, aus dem ein Gedanke entsprang, der mich seitdem nicht mehr loslassen sollte: Wenn dieses Prinzip beim Marketing und bei Konferenzen nachweislich funktioniert, muss es sich doch auch auf das Thema Veränderung übertragen lassen. Daraus resultierte eine alles entscheidende Frage: Wie könnte erfolgreiche Veränderung ohne die typischen Nebenwirkungen wie Druck, Überforderung und den Drang zum Selbstoptimierungswahn gelingen?

Wäre es nicht wundervoll, wenn *Change* nicht automatisch mit negativen Emotionen, sondern einem Gefühl von Leichtigkeit einhergehen könnte? Wäre es nicht schön, wenn man die positiven Auswirkungen wie persönliches Wachstum, eine erfolgreiche Karriere und ein generell erfülltes Leben erreichen könnte, ohne permanent den Status quo bekämpfen zu müssen? Wäre es nicht viel besser, wenn man sich nicht auf das unbedingte Erreichen konkreter Resultate verkrampfen müsste, sondern stattdessen den Weg dorthin genießen könnte?

Auf der Suche nach möglichen Antworten recherchierte ich wissenschaftliche Artikel, analysierte die einschlägige Literatur und studierte insbesondere die *Mindsets* meiner erfolgreichen Kunden. Als Keynote-Speaker und Change-Berater habe ich das große Privileg, mit Unternehmen jeglicher Größenordnungen auf der ganzen Welt zusammenarbeiten zu dürfen. Es hat mich schon immer fasziniert, dass manche Menschen, Teams oder ganze Organisationen Veränderungen scheinbar mühelos meistern, während andere sich mit aller Gewalt an der Vergangenheit festklammern, weil alles Neue unmittelbar als Bedrohung wahrgenommen wird.

Eines ist mir während meiner Forschungen schnell klar geworden: Die bewährten «Change-Modelle» und Methoden aus der Persönlichkeitsentwicklung klingen zwar durch die Bank weg gut, führen aber selten zu den gewünschten Ergebnissen. Das hat einen wichtigen Grund: Sie fokussieren sich ausschließlich auf das Verhalten und blenden gleichzeitig die mentalen Prozesse, die inneren Motive und die psychologischen Faktoren weitestgehend aus. Egal ob es sich um Veränderungen im persönlichen Alltag oder im beruflichen Kontext handelt, nicht irgendwelche Werkzeuge, Prozesse oder Skills bestimmen darüber, ob man erfolgreich ist oder scheitert. Natürlich sind diese wichtig und bilden immer die Grundlage, aber wenn wir uns das große Bild anschauen, dann ist der entscheidende Faktor immer das *Mindset*. Die Statistiken bestätigen diese Einschätzung. In der vom «World Economic Forum» regelmäßig durchgeführten Studie der Top-15-Future-Skills befinden sich unter den zehn wichtigsten Fähigkeiten mit Programmieren und der Nutzung neuer Technologien nur zwei sogenannte «Hardskills».[11] Die restlichen acht (darunter die Top 3 «innovatives Denken», «lebenslanges Lernen» und «Problemlösungskompetenz») sind alle den mentalen Faktoren zuzuordnen. Es kommt nicht so sehr darauf an, *was*, sondern insbesondere *wie* und *warum* wir etwas tun oder eben auch nicht.

Genau an dieser Stelle kommt das «UnChange-Mindset» ins Spiel, das Ihnen einen erfolgreichen Umgang mit Veränderungen ermöglicht, während es gleichsam die üblichen Nebenwirkungen eliminiert. Dabei handelt es sich um eine besondere Form von Attitüde, bei der die Vorsilbe «Un» genau wie beim «UnMarketing» oder den «UnConferences» für einen radikal anderen Ansatz eines bekannten Formats steht. Könnte es eine bessere Philosophie für unsere *Mindset*-Revolution geben? Weil uns der Begriff im Laufe der einzelnen Kapitel als roter Faden dienen wird, wollen wir ihn an dieser Stelle offiziell definieren:

Das «UnChange-Mindset» ist eine besondere Form der inneren Haltung, die auf sieben Erfolgsfaktoren basiert und mit der richtigen Balance aus Stabilität und Flexibilität dafür sorgt, dass Veränderungen erfolgreich gemeistert werden können, indem die Faktoren Druck, Überforderung und Stress eliminiert und durch Leichtigkeit und Selbstvertrauen ersetzt werden.

Das Upgrade zum «UnChange-Mindset» gelingt Ihnen, sobald Sie sich an die Prämisse erinnern, dass es nichts zu optimieren gibt. Wenn Sie diese Tatsache ein für alle Mal verinnerlichen, dann sorgt die daraus resultierende Überzeugung dafür, dass Sie sich voll und ganz auf Ihre Ziele und Träume im Leben konzentrieren können. Damit verfügen Sie über die so wichtige Balance zwischen Neu und Alt, zwischen Erfolgshunger und Durchschnaufen sowie zwischen Wagen und Bewahren. Genau aus diesem Grund ist der *Mindset-Baum* auch die perfekte Metapher für nachhaltige Veränderungen. Die sieben Erfolgsfaktoren des «UnChange-Mindsets» geben Ihnen als Wurzeln Stabilität, Orientierung und Kraft. Gleichzeitig besitzen Ihr Verhalten, Ihre Entscheidungen und Ihre Denkmuster als Äste die notwendige Flexibilität, um mit den unterschiedlichsten Herausforderungen in Form von Stürmen oder Gewittern umgehen zu können.

Diese besondere Kombination eliminiert den üblichen Druck, das Gefühl der Überforderung und die häufig im Selbstoptimierungswahn mündende Tendenz, zu viel auf einmal verändern zu wollen. Wenn sich das *Mindset* in Balance befindet, dann bekämpfen Sie nämlich nicht länger den Status quo, sondern machen sich voller Leichtigkeit auf den Weg in die Richtung Ihrer Ziele und spüren dabei ein tiefsitzendes Urvertrauen, dass Sie diese irgendwann auch erreichen werden. Sollten Sie unterwegs feststellen, dass ein Ziel nicht mehr aktuell bzw. ein anderes attraktiver geworden ist, dann sind Sie jederzeit in der Lage, eine Kurskorrektur vorzunehmen.

Gestatten Sie mir an dieser Stelle bitte noch zwei Anmerkungen: Wenn ich fortlaufend von Leichtigkeit spreche, dann ist damit keinesfalls gemeint, dass Sie sich bequem auf Ihrem Sofa oder in der Hängematte zurücklehnen können. Ganz im Gegenteil. Erfolg in sämtlichen Lebensbereichen fällt niemals vom Himmel und erfordert immer auch eine Portion der guten alten harten Arbeit. Ich meine mit Leichtigkeit vor allem das Gegenteil von verkrampft sein. Diesen einmaligen Zustand, wenn Sie geistig und körperlich vollkommen locker, entspannt und insgesamt im Flow sind. Weiterhin führt die Anwendung des «UnChange-Mindsets» auch nicht dazu, dass ab sofort nur noch eitel Sonnenschein herrscht. Sie werden auch weiterhin mit den unterschiedlichsten Problemen zu kämpfen haben. Der Wind wird Ihnen mit voller Kraft von vorne ins Gesicht wehen, unvorhergesehene Hindernisse werden auftauchen und einschneidende Krisen müssen gemeistert werden. Der entscheidende Unterschied wird aber darin liegen, wie Sie damit umgehen und wie selbstverständlich Sie entsprechende Lösungen finden werden.

DIE «UNCHANGE-BELIEFS»

Nachdem wir diese harte, aber notwendige Wahrheit aus-
gesprochen haben, möchte ich den Fokus aber wieder auf die
wunderbaren Auswirkungen richten, die sich wie von selbst
einstellen, je ausgeprägter Ihr «UnChange-Mindset» wird. Je
häufiger und bewusster Sie nämlich die sieben Erfolgsfaktoren
in Ihrem Alltag integrieren, desto erfolgreicher werden Sie
die verschiedensten Veränderungen meistern können, und
zwar ohne dass Sie sich verkrampft an irgendwelchen starren
Methoden festhalten, sondern weil Ihr neu gewonnenes
Selbstvertrauen dafür sorgt, dass Sie Ihre Ziele fast schon
von allein erreichen. Genau das ist die Kraft des «UnChange-
Mindsets» und genau aus dem Grund lautet eines meiner
wichtigsten Mantras seit vielen Jahren:

Wenn das WARUM stark genug ist, dann folgen das
WIE und das WAS von ganz allein.

Das «UnChange-Mindset» dient Ihnen sowohl als Anker als
auch als richtungsweisender Leuchtturm. Es gibt Ihnen Halt
und weist Ihnen den Weg. Es erdet und inspiriert Sie gleichsam dazu, hemmungslos von einer leuchtenden Zukunft zu
träumen. Doch damit das Modell seine magische Wirkung
entfalten kann, müssen bestimmte Überzeugungen gegeben
sein, die ich in neun essenziellen «UnChange-Beliefs» zusammengefasst habe. Diese Prämissen sind so etwas wie die
Haltung hinter der Haltung. Die Metaebene, die den Garten
symbolisiert, in dem Ihr individueller Baum sich zu voller
Pracht entfalten kann. Und diese Überzeugungen möchte ich
Ihnen nun gern vorstellen.

UNCHANGE BELIEF #1: INTENTION STATT AKTIONISMUS

Sehr häufig werden Veränderungen nur um der Veränderung selbst willen durchgeführt. Damit man einen Haken in einer Checkliste setzen kann. Damit man anderen Menschen gegenüber dokumentieren kann, dass man aktiv geworden ist. Damit man das eigene Gewissen beruhigen kann. Aber dieser «Change-Aktionismus» hat noch niemals zu Aufbruchstimmung, nachhaltiger Motivation oder gewünschten Erfolgen geführt. Ganz im Gegenteil, sinnlose Veränderungen führen vielmehr zu Frust, Gleichgültigkeit und Unzufriedenheit. Die «UnChange-Philosophie» setzt auf sinnvolle Intention. Um besser zu werden, sich weiterzuentwickeln oder als Persönlichkeit zu wachsen. Auf diese Weise entstehen nachhaltige Resultate von ganz allein. Weil man neue Wege gehen will und nicht mehr muss.

UNCHANGE BELIEF #2: INTEGRITÄT STATT CHANGEWASHING[12]

So gut wie jeder redet heute über Veränderung: Politiker, Manager und auch die Menschen in unserem persönlichen Umfeld. Kein Wunder, denn das Thema ist hip und man will ja nicht als ewig gestrig wahrgenommen werden. Doch in der Regel handelt es sich um Lippenbekenntnisse, die man abgibt, um gut dazustehen oder eine bestimmte Wirkung in der Öffentlichkeit zu erzielen.[13] Echte Entscheidungen, konsequente Verhaltensänderungen oder gar nachhaltiger *Change* sind jedoch so gut wie nie die Folge. *UnChange* hingegen ist echter Wille zu Veränderungen, kombiniert mit der unbedingten Bereitschaft, die Verantwortung für das eigene Leben bzw. den eigenen Einflussbereich zu übernehmen. Ohne Wenn und Aber. Genau das ist Integrität. Das zu tun, was Sie angekündigt haben. Ihren Worten auch tatsächlich die entsprechenden Taten folgen zu lassen.

UNCHANGE BELIEF #3: KLARHEIT STATT SELBSTOPTIMIERUNGSWAHN

Klassische *Change*-Ansätze bauen in der Regel auf Modellen auf, die dann in einer bestimmten Anzahl an Schritten abgearbeitet werden. Eine der wichtigsten Voraussetzungen des «UnChange-Mindsets» ist, diese Denkweise zu verlernen und stattdessen den Fokus auf Sinnhaftigkeit und das eigentliche Motiv der gewünschten Veränderung zu richten. Hat man erst einmal Klarheit darüber, warum man etwas erreichen will, dann rückt der innere Drang zur Optimierung von vermeintlichen Schwachstellen der eigenen Persönlichkeit in den Hintergrund und neue Ideen, Wege und Verhaltensweisen werden zum notwendigen Mittel, um die erwünschte Zukunft aktiv zu gestalten.

UNCHANGE BELIEF #4: PERSÖNLICHE ENTWICKLUNG STATT PROZESSE

Hier würde wahrscheinlich das Wort «vor» besser passen, denn natürlich sind Prozesse extrem wichtig. Trotzdem werde ich seit vielen Jahren nicht müde, immer wieder die folgende These zu wiederholen: *In Zeiten des immer intensiveren, komplexeren und unberechenbareren Wandels wird die persönliche Veränderungskompetenz die Schlüsselfähigkeit der Zukunft.* Je mehr der Fokus auf Prozesse, Modelle und Methoden in den Hintergrund gerät und Sie Ihre einzigartige Persönlichkeit mit all ihren unterschiedlichen Facetten in den Mittelpunkt stellen, desto größer ist letztlich die Wahrscheinlichkeit, dass Sie erfolgreich sein werden.

UNCHANGE BELIEF #5: VERÄNDERUNGSLUST STATT EXTERNER ANREIZE

Viele Veränderungsvorhaben scheitern, weil die notwendige Motivation fehlt. Kein Wunder, denn wir Menschen verändern uns immer nur aus Gründen, die uns wichtig sind, und niemals aufgrund von Bonuszahlungen, Belohnungen oder dem Besuch einer dieser typischen «Tschakka Tschakka»-Veranstaltungen, wo Hunderte von Leuten sich gegenseitig zu lauter Musik mit

Luftballons bewerfen. Kurzfristig mögen diese externen Reize sogar eine gewisse Wirkung haben, aber langfristig bedarf es eines starken intrinsischen Antriebs. Dieser wird im Laufe der Zeit immer ausgeprägter, je mehr Sie Lust am Gestalten, am kreativen Erschaffen und dem neugierigen Ausprobieren von innovativen Ideen entwickeln.

UNCHANGE BELIEF #6: HALTUNG STATT MODEERSCHEINUNG

UnChange ist eine langfristig ausgerichtete Einstellung dem Leben gegenüber, die dazu führt, dass Sie nachhaltige Ergebnisse erzielen und genau das erreichen können, was Sie unter *Erfolg* verstehen. Diese ganz individuelle Definition ist selten identisch mit dem medial gehypten «Schneller-Höher-Weiter»-Zwang, der dazu geführt hat, dass sich so viele Menschen in ihrem ganz persönlichen Hamsterrad abstrampeln und dabei mit jeder neuen Umdrehung noch unglücklicher werden. *UnChange* ist eine innere Haltung, die vollkommen unabhängig von externen Trends und Modeerscheinungen ist und stattdessen auf kraftvollen Werten und Prinzipien, in Form der sieben Erfolgsfaktoren, basiert.

UNCHANGE BELIEF #7: NATÜRLICHE ENTWICKLUNG STATT BEKANNTER PAIN-POINTS

UnChange eliminiert Druck, Zwang oder Überforderung und führt stattdessen auf natürliche Weise zu gewünschten Veränderungen. Weil Sie als Persönlichkeit wachsen, auf dem Weg dazulernen und langfristig ein Leben in Balance führen. Werden *Change*-Vorhaben dadurch auf einmal zum Kinderspiel? Natürlich nicht. Auch wenn Sie die «UnChange-Philosophie» zum zentralen Dreh- und Angelpunkt Ihres Handelns werden lassen, stoßen Sie zwangsläufig auf Probleme, müssen sich mit Zweifeln auseinandersetzen und die eine oder andere Niederlage einstecken. Der große Unterschied ist jedoch, dass Sie all dies mit einer grundsätzlichen

Leichtigkeit und einer großen Portion Freude am aktiven Gestalten tun werden.

UNCHANGE BELIEF #8: UNTERSTÜTZUNG STATT EGOISMUS

Niemand gewinnt allein. Dieser Satz beschreibt das Wesen erfolgreicher Veränderung wie kein zweiter. Kein Wunder, denn Erfolg in jedem denkbaren Lebensbereich steht und fällt mit den Menschen, die Sie auf Ihrem Weg begleiten. Weil das so ist, baut die «UnChange-Philosophie» auch auf gegenseitiger Unterstützung, Zurückgeben und einer großen Portion Dankbarkeit auf. Auch wenn die Ideen dieses Buches dafür gedacht sind, Ihre eigene Persönlichkeit strahlen zu lassen, ist es doch essenziell, für andere Menschen da zu sein und sie mit all Ihrer Kraft und Leidenschaft zu unterstützen. Je mehr Sie geben, desto mehr werden Sie auch zurückbekommen.

UNCHANGE BELIEF #9: INNERES FEUER STATT EXTERNER APPELLE

Du musst Dich einfach mehr anstrengen, Du solltest mehr X tun oder Du solltest aufhören, immer Y zu machen. Haben Sie solche Appelle schon einmal gehört? Mit Sicherheit, oder? Aber haben Sie danach jemals gedacht: «Vollkommen richtig, genau das mache ich jetzt»? Eher nein, nicht wahr? Kein Wunder, denn Appelle und Forderungen nach Veränderungen klingen zwar gut und rufen äußerlich auch gern Kopfnicken hervor, führen aber selten dazu, dass sie auch wirklich umgesetzt werden, denn fehlen das innere Feuer, die intrinsische Motivation und ein emotionaler Grund, dann bleibt schlussendlich eben alles beim Alten. Vergessen Sie also die (meist gut gemeinten) Ratschläge anderer Menschen und fokussieren Sie sich auf den Ausbau Ihres «UnChange-Mindsets». Dieses sorgt nämlich von ganz allein dafür, dass aus dem in Ihnen schlummernden Funken irgendwann ein loderndes Feuer wird, das lichterloh an der Oberfläche zu brennen beginnt.

Wie ist es Ihnen beim Lesen der neun «UnChange-Beliefs» ergangen, liebe Leserinnen und Leser? Es wäre mir eine große Freude, wenn Sie diese Überzeugungen nicht nur mit Herz und Seele teilen, sondern sie auch zur Grundlage Ihres Denkens und Handelns werden lassen würden. Und sollten Sie bei dem einen oder anderen Belief doch etwas skeptisch sein, dann würde ich mich freuen, wenn Sie den Gedanken nicht gleich verwerfen, sondern ihn in unterschiedlichen Kontexten ausprobieren und ihm eine Chance geben würden. Denn erstens liegen immer dort unsere größten Durchbrüche, wo der innere Widerstand am intensivsten ist, und zweitens können dann die einzelnen UnChange-Säulen ihre Wirkung wesentlich besser entfalten.

DIE ZUKUNFT BEI DEN HÖRNERN PACKEN

Ich möchte Ihnen gern eine Frage stellen: Glauben Sie an Zufälle? Obwohl ich mich nicht als besonders esoterischen Menschen bezeichnen würde, bin ich davon überzeugt, dass viele Dinge in unserem Leben aus einem bestimmten Grund geschehen. So auch vor Kurzem, als ich ein kompliziertes Problem in meinem Business zu lösen hatte. Obwohl ich alles dafür tat, positiv damit umzugehen, spitzte sich der Konflikt mit einem Kunden immer mehr zu, und ich hatte das Gefühl, dass sich die ganze Welt gegen mich verschworen hatte. Von diesem Gefühl getriggert, steigerte ich mich immer mehr in die Opferrolle hinein und hätte mich höchstwahrscheinlich in der emotionalen Negativspirale verfangen, wenn ich nicht während einer Autofahrt eine Spotify-Zufallsplaylist gestartet hätte. Ohne dass ich es bewusst mitbekam, sang ich schon nach wenigen Sekunden den Refrain eines Klassikers von Queen aus voller Brust mit: *Here we are, born to be kings. We're the princes of the universe.*

Wie aus dem Nichts tauchte ein Satz in meinem Kopf auf, den ich vor vielen Jahren einmal von einem Freund gehört hatte:

Du bist nicht das Opfer des Universums,
Du bist das Universum!

Boom. Worte wie ein Donnerhall. Sie haben heute noch immer die gleiche Wirkung wie damals. Weil sie mich daran erinnern, dass es immer zwei Möglichkeiten gibt, wie wir mit dem Leben und all seinen Herausforderungen umgehen können. Wir können uns als Opfer fühlen, uns darüber beklagen, wie übel man uns behandelt, und infolgedessen die vielen Veränderungen, Problemsituationen und Krisen passiv über uns ergehen lassen. Dadurch werden wir zwangsläufig zum Spielball des Schicksals und unsere Lebenswege gleichen einem Blatt im Wind, dessen Richtung sich jederzeit zufällig ändern kann.

Doch zum Glück gibt es eine Alternative. Nämlich den inneren Schalter umzulegen und die Opferhaltung durch die aktive Gestaltermentalität des «UnChange-Mindsets» zu ersetzen. Sobald Sie nämlich beginnen, die Zukunft bei den Hörnern zu packen, geht die Post so richtig ab. Weil Sie akzeptieren, dass Sie sich nicht aussuchen können, welche Karten Ihnen im Spiel namens Leben zugeteilt werden, aber immer die Wahl haben, wie Sie damit umgehen. Weil Sie sich von externen Einflüssen, Meinungen und Erwartungen abkoppeln und von Abwehr auf Angriff umschalten. Weil Sie tief in Ihrem Inneren wissen, dass Sie nicht das Opfer des Universums, sondern das Universum selbst sind.

Wie viel Wahrheit in dieser Aussage steckt, ist mir vor Kurzem wieder bewusst geworden, als ich mich auf meiner abendlichen Joggingrunde vom Hörbuch *Born to Run* inspirieren ließ, in dem die spannende Geschichte der Tarahumara erzählt wird. Hierbei handelt es sich um ein von vielen Mythen umgebenes Volk im Norden Mexikos, das für seine außergewöhnliche Fähigkeit bekannt ist, Langstreckenläufe durch Wüsten, Schluchten und Gebirge zu unternehmen.[14] Unter ihnen gibt es auch einen 95-jährigen Mann, der selbst im hohen Alter noch regelmäßig bis zu zwanzig Meilen über die höchsten Gipfel läuft.[15] Als ich dieser Geschichte voller Faszination lauschte, schossen mir unweigerlich folgende Fragen in den Kopf: Wie schafft der Mann das in diesem Alter? Warum kann er solche extreme Leistungen vollbringen, während die große Masse seiner Altersgenossen bereits Schwierigkeiten hat, sich mit Hilfe eines Gehstocks fortzubewegen? Die Begründung des Seniors faszinierte mich noch mehr: «Ich kann es, weil mir niemals jemand gesagt hat, dass ich es nicht könnte. Weil man mir verschwiegen hatte, dass ich mich stattdessen darauf vorbereiten sollte, demnächst zu sterben.» So war das Überqueren der Berge für ihn das Natürlichste auf der Welt. Es gab für ihn gar keine Alternative dazu, auch im hohen Alter immer noch das zu tun, wozu er geboren wurde. Nämlich ein Extremläufer zu sein.

Für mich ist dies ein wunderbares Beispiel, welche magischen Dinge geschehen können, wenn Sie sich entscheiden, die Zukunft selbst zu gestalten und sie nicht einer höheren Macht oder Ähnlichem zu überlassen. Wenn Sie sich entscheiden, nicht ein Opfer des Universums, sondern das Universum zu sein. Dies mündet zwangsläufig darin, dass Sie immer im Einklang mit Ihren eigenen Erwartungen leben. Sind diese hoch, dann führt es zu außergewöhnlichen Leistungen. Sind sie hingegen niedrig, dann führt es dazu, dass sich das eigene Verhalten auf dem entsprechenden Niveau anpasst. Sie werden das, was Sie dauerhaft denken. Die innere Haltung macht den Unterschied, weil das «UnChange-Mindset» Ihren Fokus bestimmt. Die Art und Weise, wie Sie bestimmte Ereignisse bewerten. Ob Sie das metaphorische Glas halb voll oder halb leer sehen. Ob Sie davon ausgehen, dass Sie als Gestalter im Spiel des Lebens gewinnen werden, oder ob Sie passiv darauf hoffen, bloß nicht zu verlieren.

Das, wovon Sie tief und fest überzeugt sind, wird irgendwann genau so eintreten und Ihre Realität definieren. Die Wissenschaft spricht in diesen Fällen auch vom «Confirmation Bias» und meint damit die Tendenz, nur Informationen wahrzunehmen, die bestätigen, was wir bereits tief und fest glauben. Dieses Phänomen bezeichnete der Psychologe Robert Rosenthal auch als *Pygmalion-Effekt*[16], in Anlehnung an den Mythos des Bildhauers, der sich in seine von ihm erschaffene Statue verliebte. Meine Lieblingsmetapher stammt allerdings von Robert Anton Wilson, der die Kausalität zwischen unseren Glaubenssätzen und Ergebnissen in seinem Buch *Der neue Prometheus* in folgendem Satz zusammenfasste:

Was der Denker denkt, wird der
Beweisführer beweisen.

Wilson argumentiert, dass unser Gehirn aus zwei Teilen besteht. Einem Denker, der für das Denken zuständig ist, und einem Beweisführer, dessen einzige Aufgabe darin besteht, die Gedanken des Denkers zu beweisen. Der Kontext spielt dabei keine Rolle. Ob Sie denken, dass Veränderung schwer sei, dass Sie ein erfolgreicher Mensch sind oder dass Sie auch im hohen Alter noch zu besonderen Leistungen fähig sein werden, der Beweisführer wird alles dafür tun, permanent und überall im Alltag Referenzen und Beweise für diese Thesen zu finden. Das klingt Ihnen etwas zu abstrakt? Dann möchte ich Ihnen als praktisches Beispiel gern die Geschichte eines Mannes erzählen, der einen Psychiater aufsuchte, weil er dem Wahn unterlag, dass er eine Leiche sei.[17] Der Arzt überlegte kurz und versuchte, seinen neuen Patienten mit Logik zu überlisten, indem er ihm folgende Frage stellte:

«Mein Herr, würden Sie mir zustimmen, dass eine Leiche bereits tot ist?» «Ja, natürlich», antwortete der Mann. Der Psychiater hakte nach: «Wenn ich jetzt einer bereits toten Leiche mit einem Skalpell in die Haut ritzen würde, dann bedeutet dies ja zwangsläufig, dass kein Blut mehr herauslaufen kann, nicht wahr?» Wiederum stimmte der Patient zu: «Da haben Sie recht, das geht natürlich nicht mehr.» «Dann schlage ich Folgendes vor», erwiderte der Psychiater, «wären Sie einverstanden, wenn ich Sie ganz vorsichtig am Arm einritzen würde, damit wir gemeinsam beobachten können, was genau passieren wird?» Der Mann war zwar skeptisch, stimmte aber zu: «Okay, legen Sie los, Herr Doktor.» Der Arzt schnappte sich also sein Skalpell und ritzte in den Arm des Mannes, der natürlich sofort anfing zu bluten. In der tiefen Gewissheit, mit diesem Ergebnis den Beweis erbracht zu haben, dass dieser auf keinen Fall eine Leiche sein konnte, fragte er triumphierend: «Und, was schlussfolgern Sie aus unserem kleinen Experiment?» Während der Patient immer noch erstaunt auf seinen Arm blickte, antwortete er mit stockender Stimme: «Das ist ja faszinierend. Leichen bluten ja doch!»

Was der Denker denkt, wird der Beweisführer beweisen. Liebe Leserinnen und Leser, diese kleine Anekdote zeigt deutlich, welche Kraft unsere Gedanken und unsere Glaubenssätze auf unser Verhalten haben. Wovon auch immer Sie tief und fest überzeugt sind, Sie werden unbewusst alles dafür tun, um es Wirklichkeit werden zu lassen. Das «UnChange-Mindset» beeinflusst wirklich sämtliche Lebensbereiche.

IHR «UNCHANGE-MINDSET» BESTIMMT ...

- ... Ihren beruflichen Erfolg
- ... die Laune, mit der Sie morgens aufwachen
- ... Ihr Charisma
- ... Ihren Umsatz und Gewinn
- ... die Qualität Ihrer zwischenmenschlichen Beziehungen
- ... Ihre Motivation
- ... Ihren Kundenservice
- ... die Regelmäßigkeit, mit der Sie in Situationen gelangen, die andere Menschen als «Glück» bezeichnen würden
- ... Ihr Netzwerk
- ... Ihr Selbstbewusstsein
- ... Ihre Verhandlungen
- ... die Art und Weise, wie Sie die Welt wahrnehmen
- ... Ihren Kontostand
- ... Ihre Gesundheit und den generellen Fitnesszustand
- ... Ihre Kommunikation
- ... Ihre generelle Zufriedenheit im Leben

Erkennen Sie, warum das «UnChange-Mindset» so eine entscheidende Rolle spielt? Der Grund liegt auf der Hand: Die äußeren Umstände liegen außerhalb unserer Kontrolle. Auch haben Menschen immer unterschiedliche Startvoraussetzungen. Je nachdem, wann, wo und in welchem Umfeld wir geboren wurden, haben wir es entweder leicht oder extrem schwer im Leben. Wir können uns nicht aussuchen, von welcher Position wir starten müssen. Aber wir haben immer zu hundert Prozent die Kontrolle über unser eigenes *Mindset*. Worauf wir uns fokussieren. Welchen Überzeugungen wir Raum geben und wie wir reagieren, wenn der Wind des Lebens uns mal wieder mit voller Kraft ins Gesicht bläst.

Mein Lieblingszitat hierzu stammt von Dr. Viktor Frankl[18], einem jüdischen Arzt und Holocaust-Überlebenden, der seine Zeit in verschiedenen Konzentrationslagern wie folgt zusammenfasste: «Man kann einem Menschen alles nehmen. Alles, außer der letzten menschlichen Freiheit: Der Freiheit, die eigene Einstellung und den eigenen Weg zu wählen, egal wie hart die äußeren Umstände auch sein mögen.»

Ich weiß nicht, wie es Ihnen geht, aber ich bekomme bei diesen Zeilen jedes Mal aufs Neue Gänsehaut. Sie verdeutlichen nämlich, welche Auswirkungen das «UnChange-Mindset» auf unser ganz persönliches Weltbild hat. Es bestimmt darüber, welche Perspektiven wir einnehmen, wie wir mit Problemen umgehen und wie wir Veränderungen bewerten. Daraus folgt eine entscheidende Schlussfolgerung, die so wichtig ist, dass ich sie gern besonders betonen möchte:

Ihre äußeren Ergebnisse im Leben sind immer ein direkter Spiegel Ihres Mindsets.

Ob dieses bei Ihnen grundsätzlich positiv oder negativ ausgerichtet ist, können Sie übrigens leicht herausfinden, indem Sie die Fragen, die Sie sich täglich stellen, einmal offen und ehrlich auf den Prüfstand stellen. Folgende Fragen sind typisch für ein negatives *Mindset*:

- Warum passiert das immer mir?
- Warum schaffe ich es nicht, erfolgreich zu sein?
- Warum kann mich in der Firma keiner leiden?
- Warum finde ich meine Vision nur nicht?
- Warum klappt es bei allen anderen, nur bei mir nicht?
- Warum bin ich nicht in der Lage, meine Ziele zu erreichen?
- Warum versage ich jedes Mal, wenn es um etwas geht?
- Warum ziehe ich Probleme magisch an?

- Warum ausgerechnet ich?
- Warum bin ich nicht gut genug?
- Warum ist Veränderung nur so schwer?

Schon mal gehört? Vielleicht schon selbst öfter gedacht? Keine Sorge, diese Art der Fragen ist weit verbreitet. Vor allem aber haben sie eines gemeinsam: Sie sind vollkommen sinnlos. Weil sie rückwärtsgerichtet und problemorientiert sind. Je mehr Ihre Gedanken um das Problem kreisen, desto mehr Platz wird genau dieses in Ihrem Alltag erhalten. Bis es so groß geworden ist, dass es jeden einzelnen Moment dominiert. Gemäß dem Motto «Besiege das Monster, solange es klein ist», möchte ich Ihnen daher eine alternative Herangehensweise vorschlagen.

Nehmen Sie das Problem wahr, analysieren Sie es ausreichend, richten Sie aber zur selben Zeit den kompletten Fokus bereits auf eine mögliche Lösung.

Dieser kleine Mindset-Shift kann riesige Auswirkungen haben, weil Sie sich unbewusst automatisch auf die Suche nach Chancen und Möglichkeiten machen. Folgende Fragen sind typisch für ein positiv ausgeprägtes «UnChange-Mindset»:

- Wie kann ich diese Situation lösen?
- Was kann ich daraus lernen?
- Wer könnte mich unterstützen?
- Wann habe ich schon mal eine ähnliche Aufgabe gelöst?
- Was kann ich daraus lernen?
- Was benötige ich noch für Ressourcen, um XYZ zu erreichen?
- Wie könnte eine Lösung des Problems aussehen?
- Wie muss ich mich verändern, um das Ziel zu erreichen?
- Welche Chancen lauern in dieser Herausforderung?
- Wie muss ich anders denken, um das Ziel zu erreichen? (Mein absoluter Favorit)

Das ist der kleine, aber feine Unterschied, der oftmals einen großen Unterschied herbeiführt. Diesen positiven Fragen folgen nämlich zwangsläufig positive Handlungen, wodurch Sie positive Ergebnisse erzielen. Eine sich selbst verstärkende Erfolgsspirale entsteht, die sich im Laufe der Zeit tief in Ihrem Unterbewusstsein verankert und dort zuverlässig und vollkommen automatisiert ihre Wirkung entfaltet. Ihr «UnChange-Mindset» wirkt als ein kraftvoller innerer Kompass, der Ihnen den Weg weist und Sie für die verschiedensten Herausforderungen des Alltags mit Selbstvertrauen, Klarheit und der notwendigen intrinsischen Motivation ausstattet.

Sind Sie nach dem Lesen dieser Zeilen bereit, Ihre Zukunft bei den Hörnern zu packen? Wenn Sie jetzt aus tiefstem Herzen mit einem lauten «Na logisch» geantwortet haben, dann würde mich dies sehr glücklich machen. Sollten Sie noch gewisse Zweifel hegen, dann kann Ihnen möglicherweise William Shakespeare den entscheidenden Impuls liefern, der in seinem Drama *Heinrich der Fünfte* über die Schlacht von Azincourt berichtet, in der 6.000 Engländer einer gefürchteten französischen Armee gegenüberstanden, die zahlenmäßig über zehnmal so viele Soldaten verfügte. Von dieser Übermacht eingeschüchtert, versuchten die Generäle, König Heinrich zu überzeugen: «Mein König, die Männer sind müde, unsere Ausrüstung ist den Franzosen hoffnungslos unterlegen und wir sollten so lange mit dem Angriff warten, bis Verstärkung eingetroffen ist. Wir sind noch nicht bereit.»

Doch Heinrich dachte nicht eine Sekunde ans Aufgeben, sondern hielt eine Rede, die durch den vierten Akt im Werk von Shakespeare Berühmtheit erhalten sollte.[19] Er schloss sie mit den folgenden Worten: «All things are ready, if our minds be so.» Worte mit der Wirkung eines Donnerhalls, die den Engländern nicht nur die dringend benötigte Hoffnung verliehen, sondern schlussendlich auch die Kraft, die Schlacht gegen die übermächtigen Franzosen zu gewinnen.

«All things are ready, if our minds be so», oder sinngemäß übersetzt: «Alles ist bereit, wenn unsere innere Haltung es ist.» Mit dieser Idee schließt sich der Kreis dieses Kapitels, denn auch wenn die als «episch» betitelten Schlachten der Geschichtsbücher in dieser Form der Vergangenheit angehören, so ist doch Ihr «UnChange-Mindset» der Schlüssel für erfolgreiche Veränderungen in sämtlichen Lebensbereichen.[20] Es führt zu Hoffnung, innerer Motivation und damit auch zu den entsprechenden Taten.

Ich schlage daher vor, dass wir mit diesem Satz im Hinterkopf gemeinsam die Samen für Ihren ganz persönlichen *Mindset-Baum* aussäen, damit dieser wachsen und gedeihen kann. Den Fokus wollen wir dabei auf die Wurzeln und damit die sieben Erfolgsfaktoren legen, die wir in den folgenden Kapiteln ganz genau unter die Lupe nehmen, bevor wir dann zum Abschluss die einzelnen Bausteine wieder zu einem großen Ganzen zusammenfügen. Wir werden uns anschauen, was sich hinter den einzelnen Erfolgsfaktoren verbirgt, worauf es wirklich ankommt und wie Sie die jeweiligen Eigenschaften praktisch in Ihrem Alltag nutzen können. Sind Sie genauso motiviert wie ich? Dann lassen Sie uns am besten direkt mit der wichtigsten Eigenschaft von allen beginnen. Der persönlichen Verantwortung.

MINDSET-MEMO

DIE 5 WICHTIGSTEN IDEEN DES KAPITELS

1 Ihr Mindset ist für Sie, was die künstliche Intelligenz Jarvis für Iron Man ist.

2 Die sieben Erfolgsfaktoren des «UnChange-Mindsets» eliminieren den üblichen Veränderungsdruck, das Gefühl der Überforderung und die häufig im Selbstoptimierungs-wahn mündende Tendenz, zu viel auf einmal verändern zu wollen.

3 Wenn Ihr WARUM stark genug ist, dann folgen das WIE und das WAS von ganz allein.

4 Die neun «UnChange-Beliefs» sind der Mutterboden, in dem die Wurzeln Ihres Mindsets nachhaltig wachsen und gedeihen können.

5 Sie werden das, was Sie dauerhaft denken. Ihre äußeren Ergebnisse im Leben sind immer ein direkter Spiegel Ihres Mindsets.

KAPITEL 2

VERANTWORTUNG – BE THE UNCHANGE

Während meiner Schulzeit hatte ich einen Mitschüler, der dafür bekannt war, regelmäßig zu spät zu kommen. Manchmal waren es nur fünf Minuten, viel häufiger jedoch eine halbe Stunde. Nur pünktlich war er eigentlich nie. Die Zuverlässigkeit in Person war er hingegen im Präsentieren von plausiblen Ausreden für sein Zuspätkommen. Mal war es der Wecker, der nicht geklingelt hatte. Zu anderer Gelegenheit musste er im Auftrag seines Vaters den Schnee schippen, der über Nacht gefallen war. Auch heute, fast 40 Jahre später, werde ich wohl nie vergessen, wie er nach einer erneuten Verspätung verkündete, dass der Hamster seiner Schwester krank geworden war. Seine Kreativität im Finden von Ausreden kannte keine Grenzen.

Eines Tages, als er mal wieder eine dreiviertel Stunde zu spät erschien, platzte unserer Klassenlehrerin der Kragen und sie fragte nach: «Tom, warum schaffst Du es denn nicht mal zur wichtigsten Klausur des Jahres, rechtzeitig in der Schule zu erscheinen?» «Ich konnte nichts dafür», lautete seine Antwort, «ich komme doch aus Zarpen und muss jeden Morgen mit dem Bus fahren.[21] Der um 08:00 Uhr hatte heute einen Motorschaden, deshalb bin ich erst jetzt hier.» Ich weiß nicht, ob es an seiner überzeugenden Art oder seinem herzzerreißenden Hundeblick lag, aber unsere Lehrerin gab sich wie immer mit der Ausrede zufrieden. Doch ich erinnere mich noch genau, was meine Sitznachbarin damals zu mir sagte: «Komisch, ich wohne auch in Zarpen und ich war pünktlich hier. Denn ich habe bereits den Bus um 07:00 Uhr genommen.»

Auch heute muss ich noch häufig an diesen Moment denken, denn er steht symbolisch für die fortschreitend abnehmende Bereitschaft vieler Menschen, Verantwortung für ihr Verhalten zu übernehmen. Finden Sie es nicht auch erstaunlich, wie gut manche Zeitgenossen darin sind, die äußeren Umstände oder die mysteriöse und niemals genau definierbare Entität namens «*Die da oben*» für ihre Resultate in sämtlichen Lebensbereichen verantwortlich zu machen? Wie selbstverständlich sie beginnen, aktiv Gründe zu suchen, warum etwas nicht geht? Wie kreativ die Ausreden sind, die immer dann präsentiert werden, wenn etwas nicht geklappt hat? Die Rolle des Schuldigen wird dabei extrem großzügig verteilt. An die bösen Vorgesetzten, die undankbaren Mitarbeiter, die faulen Kollegen, die unprofessionellen Geschäftspartner bis hin zu den eigenen Eltern und Geschwistern. Sollte das noch nicht ausreichen, greift man direkt zu schwereren Kalibern und schiebt den schwarzen Peter auf die aktuelle Wirtschaftslage, die Politik, das Wetter oder die Tatsache, dass der Merkur gerade rückläufig ist. Alles und jeder ist für die eigenen Ergebnisse verantwortlich, nur man selbst nicht. Diese Entwicklung ist einer der Hauptgründe, warum so viele Menschen unzufrieden mit und in ihrem Leben sind.

Was im Kleinen gilt, findet natürlich auch im Großen seine Anwendung: Man lebt ein Leben, das im Grunde von anderen Menschen, dem Staat oder dem Arbeitgeber bestimmt, kontrolliert und gesteuert wird. Man verfolgt die Ziele anderer, erfüllt die Erwartungen anderer und verlässt sich darauf, dass sich andere schon um einen kümmern werden. Doch je mehr man sich in diese Abhängigkeit begibt, desto mehr entfernt man sich von den eigenen Träumen, Zielen und Erwartungen an das eigene Leben. Das ist tragisch, denn wie will man glücklich und zufrieden sein, wenn einem von klein auf andere Menschen sagen, wie man zu leben, was man zu tun und was man zu lassen hat? Wenn einen die eigenen Helikoptereltern schon als kleines Kind in Watte packen, einem jede schwierige Entscheidung abnehmen und den Alltag komplett mikromanagen? Wenn einem in der Schule jegliche Individualität und Kreativität abtrainiert wird, damit man als funktionierendes Rädchen seinen Part in der Gesellschaft übernehmen kann? Wenn der eigene Job nur aus dem stupiden Abarbeiten von Anweisungen besteht und der Staat mittlerweile bis in die privatesten Ecken des Lebens vorgedrungen ist und uns detailliert vorschreibt, wie wir leben sollen, was wir essen dürfen und wie wir uns generell zu verhalten haben?

Hier kommt das Kuriose: Viele Menschen geben sich dieser vermeintlichen Sicherheit nur allzu gern hin, denn wenn andere für einen das eigene Leben bestimmen, dann muss man eben auch keine schwierigen Entscheidungen treffen, keine Risiken eingehen oder Lösungen für auftretende Probleme finden. Allerdings ist dieser Zustand der Bequemlichkeit trügerisch, denn je mehr man sich in eine solche Form der Abhängigkeit begibt, desto mehr entfernt man sich von den eigenen Bedürfnissen. Ehe man sich versieht, hat man komplett resigniert und arrangiert sich damit, dass ein erfülltes Leben nur für eine privilegierte Minderheit möglich ist, während man selbst nur noch funktioniert, sich von Urlaub zu Urlaub rettet und die Abende damit verbringt, sich erschöpft von Soap-Operas in der Glotze berieseln zu lassen.

Klingt diese Vorstellung für Sie genauso abschreckend wie für mich? Dann möchte ich Sie gern für die einzig mögliche Alternative begeistern, nämlich die volle und umfängliche Verantwortung für Ihr Leben zu übernehmen. Für die guten

Dinge wie auch die schlechten. Für Ihre Erfolge, aber auch die Niederlagen. Für die Ereignisse, die Sie selbst herbeigeführt haben, aber auch für diejenigen, für die Sie nicht wirklich etwas konnten. Wann immer ich in eine solche Situation gerate, sage ich mir: «Es ist nicht meine Schuld, aber ich übernehme die Verantwortung», denn wenn ich es nicht tue, wird nie etwas passieren. Je eher Sie daher die Karten akzeptieren, die Ihnen das Schicksal zugeteilt hat, desto besser können Sie sich auf die Strategie konzentrieren, mit der Sie Ihr Blatt spielen wollen.

Die bewusste und unumstößliche Entscheidung, die volle Verantwortung für Ihre Vergangenheit, Gegenwart und Zukunft zu übernehmen, ist nicht nur der wichtigste Faktor beim Ausbau des «UnChange-Mindsets», sondern die absolute Grundvoraussetzung für ein Leben, das von Bedeutung, Sinn und Erfüllung geprägt wird. Ist es einfach? Natürlich nicht! Je nachdem, vom welchem Ausgangspunkt Sie starten, werden Sie mit kleineren oder größeren Rückschlägen rechnen müssen. Alte Gewohnheiten und unbewusste Prägungen können nun mal extrem hartnäckig sein. Sie werden zweifeln, unsicher sein und oftmals in Versuchung geraten, lieber doch mit dem Finger auf jemand anderen zu zeigen, dem Sie die Schuld für Ihre Situation zuschieben können. Aber es lohnt sich ungemein, durchzuhalten. Schon nach kurzer Zeit werden Sie eine dramatische Zunahme an persönlicher Freiheit, beruflicher Erfüllung und einer generellen Unabhängigkeit erleben und es gibt wahrscheinlich nichts Schöneres als das intensive Gefühl, das sich automatisch einstellt, wenn Sie Ihre innere Mitte gefunden haben und ein Leben im Einklang mit Ihren Träumen, Werten und Bedürfnissen führen.

Doch genug der Worte. Es ist Zeit, in die Umsetzung zu kommen. Sind Sie bereit, die erste Wurzel des «UnChange-Mindsets» tief in den Boden wachsen zu lassen? Sind Sie bereit, die Entscheidung zu treffen, die volle Verantwortung für Ihr Leben zu übernehmen? Sind Sie bereit, auf dem nachfolgenden Weg einmal mehr aufzustehen als hinzufallen? Wunderbar, denn diese Wahl kann ich Ihnen nicht abnehmen. Was ich aber kann, ist, Sie auf Ihrem individuellen Weg zu mehr Balance und Erfüllung bestmöglich zu begleiten. Als Startpunkt für diese Reise schlage ich meine norddeutsche Heimat vor.

RÜM HART – KLAAR KIMING

Das perfekte Motto für das Thema Verantwortung kommt nämlich aus Schleswig-Holstein, der Region zwischen Nord- und Ostsee, wo man den Fisch direkt vom Kutter holt, das Wort «Moin» als universelle Grußformel verwendet und erst von einem echten Sturm spricht, wenn die Schafe keine Locken mehr haben. Das Motto, von dem ich spreche, heißt *Rüm Hart – Klaar Kiming* und wird den nordfriesischen Kapitänen zugesprochen, die vor Hunderten von Jahren ihre Schiffe durch raue Meere, hohe Wellen und schwere Unwetter steuern mussten. Übersetzt bedeutet es so viel wie *Weites Herz – Klarer Horizont*. Das Wort «Kiming» leitet sich dabei von der Kimme ab, welche die Linie zwischen Meer und Himmel bezeichnet und seit jeher als magischer Ort gesehen wurde, der für Fernweh, Offenheit und Entdeckergeist steht.

Ist es nicht genau das, was wir aktuell im persönlichen Alltag, im Business, ja im ganzen Leben am meisten brauchen? Auf der einen Seite Vertrauen, Transparenz und Empathie im Umgang mit den Menschen um uns herum. Auf der anderen Seite eine klare Vision, den Blick über den Tellerrand und die permanente Offenheit, neue Erfahrungen zu machen. Würden Sie mir zustimmen, dass die Welt keine weiteren

Besitzstandswahrer benötigt, die ihr Ego in den Mittelpunkt stellen, sich an der Vergangenheit festklammern und versuchen, mit einer bequemen Weiter-so-Strategie ihren persönlichen Vorteil zu maximieren? Ich habe dazu eine klare Meinung und behaupte, dass wir in der aktuellen Zeit vor allem Change-Rebellen brauchen, welche die Sehnsucht nach neuen Horizonten in sich tragen, aber niemals vergessen, woher sie kommen. Die sich nicht auf den Erfolgen der Vergangenheit ausruhen, sondern rechtzeitig die Segel zu neuen Ufern setzen. Die neue Denkweisen, Ideen und Wege nicht als Bedrohung ansehen, sondern als großartige Chance, noch besser zu werden, zu wachsen und die eigenen Ziele zu erreichen. Die Verantwortung nicht nur für sich selbst, sondern für ihre gesamte Crew übernehmen.

Die Voraussetzung, um das Motto *Rüm Hart – Klaar Kiming* jeden einzelnen Tag leben zu können, ist die Klarheit. Darüber, wo Sie herkommen, wo Sie warum und aus welchen Gründen hinwollen, und natürlich auch, wie mögliche Wege dorthin aussehen könnten. Die wertvollsten Antworten erhalten Sie, wenn Sie ein weites, warmes Herz mit einem scharfen Verstand kombinieren. Wenn Sie offen für neue Ideen, Meinungen und Ansätze sind und gleichzeitig auf kraftvolle Werte, positive Überzeugungen und die Erfolgsfaktoren des «UnChange-Mindsets» zurückgreifen können. Ich möchte Sie daher an dieser Stelle einladen, ein wenig über Ihre innersten Bedürfnisse, Ihre mutigsten Ziele und über Ihre verrücktesten Träume zu reflektieren. Je größer Ihre Klarheit, desto leichter wird Ihnen der nächste Schritt fallen, nämlich die bewusste und vollumfängliche Verantwortung für die folgenden Bereiche zu übernehmen.

IHRE AKTUELLE LEBENSSITUATION

Egal wo Sie heute stehen, wie zufrieden Sie sind und wie hart Ihnen das Leben eventuell mitgespielt hat: Sobald Sie sich entscheiden, sich nicht länger als Opfer der äußeren Umstände zu definieren, sondern Verantwortung für den Status quo zu übernehmen, eröffnen sich Ihnen plötzlich ganz neue Gestaltungsmöglichkeiten.

IHREN ERFOLG

Die vielleicht wichtigste Frage, die Sie sich stellen sollten, lautet: «Was bedeutet Erfolg für mich?» Die große Masse folgt nämlich den Suggestionen der Medien, der Influencer auf Social Media oder den Botschaften der Werbeindustrie, dass Erfolg automatisch mit Schneller-Höher-Weiter, mit Luxusklamotten, teuren Autos und dem permanenten Streben nach Geld, Status und Macht gleichzusetzen sei. Wenn Sie genau davon träumen, ist das ganz wunderbar. Sollten Sie jedoch feststellen, dass Sie von Ihrem Leben etwas ganz anderes erwarten, dann lösen Sie sich so schnell wie möglich von diesen Definitionen. Nicht jeder bzw. jede muss eine Millionärin, ein Superstar oder eine erfolgreiche Unternehmerin werden. Denken Sie immer daran: Es ist Ihr Leben und nur Sie stellen die Regeln auf. Insbesondere, wenn es um Ihre ganz persönliche Definition von Erfolg geht. Der einzige Gradmesser, den ich Ihnen empfehle, ab sofort anzuwenden, ist folgende Frage: «Bin ich glücklich?», denn nichts anderes zählt.

IHRE WERTE

Werte sind mein absolutes Lieblingsthema. Weil ich um ihre außergewöhnliche Kraft weiß. Weil sie die Bemessungsgrundlage für sämtliche Entscheidungen sind und weil unser tägliches Verhalten immer ein direkter Spiegel unserer wichtigsten Werte ist. Es lohnt sich also, die eigenen Kernwerte sehr bewusst festzulegen und zu definieren. Und zwar nicht, weil diese gerade «in» sind, gesellschaftliche Akzeptanz besitzen oder für ein bestimmtes soziales Umfeld wünschenswert wären. Dies führt auf Dauer nur zu Frustration, Unzufriedenheit und dem nagenden Gefühl, sich immer weiter von sich selbst zu entfernen. Wenn Sie hingegen die volle Verantwortung für Ihre wichtigsten Werte übernehmen, dann kommunizieren Sie nicht nur kongruent, sondern haben als Bonus auch einen unfehlbaren Kompass an Ihrer Seite, der Ihnen stets treue Dienste leisten wird.

IHRE ZIELE UND TRÄUME

Wie viele Menschen in Ihrem Umfeld kennen Sie, die ihren Beruf nur ergriffen haben, weil ihre Eltern es so wollten? Die ihre Karriere als Rechtsanwalt, Zahnarzt oder Industriekauffrau nur eingeschlagen haben, weil es in der Familie schon immer Tradition war, und die zutiefst unglücklich sind, weil sie viel lieber Koch, Künstlerin oder Schauspielerin wären? Doch die eigenen Ziele und Träume in der Schublade zu verstauen, nur um die Erwartungen anderer zu erfüllen, führt zwangsläufig zu einem Leben im seelischen Niemandsland. Man ist nicht wirklich unglücklich, aber eben auch nicht glücklich. Das ehemals lodernde innere Feuer ist erloschen und statt leidenschaftlich zu leben, funktioniert und existiert man nur noch. Doch zum Glück ist es niemals zu spät und Sie können jederzeit die Entscheidung treffen, ab sofort die volle Verantwortung für Ihre Ziele und Träume zu übernehmen.

Es gibt noch weitere Bereiche, für die Sie genau das Gleiche tun sollten. Für Ihre Überzeugungen, Ihre Strategien, Ihre Entscheidungen, Ihre Gedanken, Ihre Gesundheit, Ihre Finanzen, Ihre Beziehungen, Ihre Kommunikation, Ihre Karriere und natürlich für Ihre Zukunft. Ich bin mir durchaus bewusst, dass dies eine ganze Menge auf einmal ist. Lassen Sie mich Ihnen den möglicherweise entstehenden Druck daher am besten gleich nehmen, denn das «UnChange-Mindset» verfolgt ja im Grunde die genau entgegengesetzte Philosophie: Sobald Sie nämlich die Verantwortung für Ihr Leben übernehmen, geschieht etwas Faszinierendes, ja fast schon Magisches. Sie werden ein ungeahntes Gefühl von persönlicher Freiheit spüren. Weil Ihre inneren Werte plötzlich im Einklang mit Ihrem äußeren Verhalten sind. Weil Sie sich von externen Erwartungen lösen und auf Ihre eigenen Bedürfnisse hören. Weil Sie auf einmal ein Leben führen, das diesen Namen auch wirklich verdient.

Lassen Sie uns also die Segel setzen, um uns in Richtung dieser Zukunftsvision aufzumachen. Wir werden Stürmen trotzen, hohe Wellen überwinden und raue Meere durchqueren müssen. Aber wenn Sie die Reise mit weitem Herzen und einem klaren Horizont antreten, dann werden Sie unterwegs ein ganzes Füllhorn an Momenten erleben, bei denen es Klick in Ihrem Kopf macht. Genau diesen Momenten wollen wir uns jetzt widmen.

KLICK-IM-KOPF-MOMENTE

Wie könnte ich Martina Bockmann vergessen.[22] Sie war vor vielen Jahren meine Mitarbeiterin in einem Warenhaus und ihrer Mimik nach zu urteilen, hatte sie nie wirklich Spaß an ihrem Job als Verkäuferin in der Abteilung für Herrenoberbekleidung. Meine Versuche, ihre negative Laune etwas aufzubessern, scheiterten mit schöner Regelmäßigkeit. Stattdessen schaffte sie es täglich aufs Neue, die Stimmung tief in den Keller sinken zu lassen. Ja, Martina Bockmann war nicht wirklich eine Frau, die ihr Umfeld mit positiven Gedanken ansteckte. Sie war für zwei Standardsätze bekannt: Wann immer es irgendein Problem gab (und auf dem Höhepunkt der Karstadt-Krise hatten wir eine Menge davon), dann forderte sie lautstark: «Da müsste dringend mal jemand etwas tun!» Und wenn Sie dann nachgehakt hätten: «Aber Frau Bockmann, warum tun Sie denn nichts?», dann wäre Satz Nummer zwei gefolgt: «Was, ich? Haben Sie bitte Verständnis, aber das fällt ja wohl nicht in meinen Zuständigkeitsbereich.»

Mussten Sie beim Lesen dieser Zeilen auch direkt an die Menschen aus Ihrem Umfeld denken, die ganz genau wissen, was und wer sich um sie herum verändern müsste, damit sie in ihrem alten Trott weitermachen können? Ich habe das Gefühl, dass diese Mit-dem-Finger-auf-andere-Zeiger immer lauter und präsenter werden. Es wird geklagt, man ist empört und beschwert sich lautstark über die Zustände, mit denen man überhaupt nicht zufrieden ist. Aber selbst etwas an der eigenen Unzufriedenheit ändern? Niemals. Das sollen lieber die anderen machen. Ganz nach dem Motto:

Jeder will Veränderung, aber niemand will sich selbst verändern.

Dies muss noch nicht einmal aus böser Absicht geschehen, denn auch im Bereich der Persönlichkeitsentwicklung ist die große Masse unbewusst Opfer des berühmten Dunning-Kruger-Effekts[23]. Dieser besagt, dass Menschen dazu neigen, Ihre eigenen Fähigkeiten maßlos zu überschätzen. Dies gilt übrigens umso mehr, je geringer diese ausgeprägt sind. Dieser psychologische Effekt sorgt dann dafür, dass wir denken, dass außer uns alle anderen Autofahrer ihren Führerschein im Lotto gewonnen hätten, dass man vom heimischen Sofa aus die Deutsche Nationalmannschaft besser aufstellen könne als Hansi Flick, und eben auch, dass man selbst total offen und innovativ wäre, während alle um einen herum komplett veränderungsresistent seien. Das ist durchaus keine theoretische Überlegung. In meinen Vorträgen frage ich mein Publikum

DIE MINDSET REVOLUTION

gern, wer alles einen veränderungsresistenten Menschen kennen würde. Regelmäßig gehen hier hundert Prozent der Hände in die Höhe. Wenn ich aber direkt danach frage, wer selbst einer ist, dann meldet sich so gut wie nie jemand. Jeder kennt einen veränderungsresistenten Menschen, aber niemand will einer sein.

Man muss keine Mathematikfachfrau sein, um die entsprechende Schlussfolgerung zu ziehen. Doch wenn sich die Mehrheit als super offen und innovativ wähnt, aber gleichzeitig darauf hofft, dass andere schon etwas tun würden, dann bleibt eben am Ende doch alles beim Alten. Je größer die Probleme, desto schwerer wird es, denn in solchen Fällen kommt zusätzlich oft noch die Begründung, dass man ja doch nichts an den großen Zusammenhängen ändern könne. Natürlich ist da eine Menge dran: Herausforderungen wie der Klimawandel, geopolitische Krisen oder die Kommunikationskultur in der eigenen Firma sind so komplex und dynamisch, dass unser Einfluss als Individuum sehr begrenzt ist.

Trotz allem ist es der völlig falsche Ansatz, zu resignieren, überhaupt nichts zu tun und sich darauf zu konzentrieren, mit dem empörten Finger auf andere zu zeigen, denn es gibt einen einfachen und wirkungsvollen Weg, mit den kleinen und großen Herausforderungen des Alltags umgehen zu können und Veränderung einfach zu machen. In meinem Leben gab es zwei ganz konkrete Erlebnisse, bei denen es von einem Moment auf den anderen Klick in meinem Kopf gemacht hat. Der erste war ein Interview, das Tim Ferriss in seinem Podcast mit dem Unternehmer Jerry Colonna geführt hat.[24] Während des Gesprächs fiel ein Satz, der nicht nur meine Perspektive im Umgang mit meiner eigenen Unzufriedenheit massiv verschoben hat, sondern mich auch immer wieder daran erinnert, wie wichtig es ist, die Opfermentalität durch aktives Gestalten zu ersetzen.

Der Satz lautete: «How am I complicit in creating the conditions I say I don't want?» Oder etwas holprig ins Deutsche übersetzt:

Was ist mein Anteil an der Situation, von der ich behaupte, dass ich unzufrieden mit ihr bin?

Rumms. Eine Frage wie Dynamit, denn Sie erinnerte mich daran, Verantwortung zu übernehmen. Nicht mit dem Finger auf die äußeren Umstände, andere Menschen oder «*Die da oben*» zu zeigen, sondern selbst etwas zu verändern. Wie es oftmals der Fall ist, führte ein Gedanke zum nächsten und ich erinnerte mich an das Führungskräftemeeting, auf dem einer meiner früheren Mentoren auf der Bühne einen Stift fallen ließ und uns fragte: «Warum ist der Stift heruntergefallen?» Die Antworten der Gruppe waren zweigeteilt. Die eine Hälfte war sich sicher: «Weil die Schwerkraft ihn angezogen hat.» Die andere hingegen stimmte mit der folgenden Begründung ab: «Weil Sie ihn losgelassen haben.» Die Erklärung unseres Chefs sorgte für einen langen Moment der Stille, in dem es in vielen Köpfen Klick machte. Er sagte nämlich: «Sie haben alle recht. Sowohl die Schwerkraft als auch das Loslassen haben dazu geführt, dass der Stift heruntergefallen ist. Aber nur einen dieser Faktoren kann ich selbst beeinflussen.»

Die Kombination dieser beiden Klick-im-Kopf-Momente lässt Ihr «UnChange-Mindset» einen gewaltigen Schub erfahren. Verantwortung für den eigenen Anteil an einer Situation zu übernehmen, sich auf die Faktoren zu fokussieren, die man kontrollieren kann, und alles andere konsequent loszulassen. Zwei Dinge werden dadurch zwangsläufig geschehen: Erstens, Sie werden nicht mehr länger passiv darauf hoffen, dass sich die äußeren Umstände oder Ihre Mitmenschen von allein verändern, sondern Sie beginnen, selbst aktiv zu werden. Zweitens, Sie werden die Veränderungen im Kleinen nicht länger unterlassen, weil Sie die großen Zusammenhänge sowieso nicht beeinflussen können. Lassen Sie mich daher einen Satz besonders betonen, von dem ich hoffe, dass er einen weiteren Klick-im-Kopf-Moment bei Ihnen auslöst:

Situationen und Lebensumstände ändern sich niemals von allein, sondern immer nur dann, wenn Sie sich verändern.

Mir ist das vor Kurzem wieder bewusst geworden, als ich durch eine kreative Krise ging. Nachdem ich fast ein Jahr lang pro Woche ein bis zwei Videos auf YouTube hochgeladen hatte, fehlten mir auf einmal die Ideen. Je mehr ich verkrampft versuchte, diese mit der Brechstange zu erzwingen, desto tiefer rutschte ich in die Negativspirale hinein. Zwei Entscheidungen haben mich dann gerettet. Zum einen habe ich beschlossen, für zwei Monate eine bewusste Pause einzulegen, mich mit anderen Themen zu beschäftigen, viel Sport zu treiben und es mir einfach gut gehen zu lassen. Insbesondere in Zeiten, in denen wir etwas Abstand von einem bestimmten Thema oder Projekt gewinnen, laden wir unsere kreativen Batterien wieder richtig auf. Die zweite Maßnahme war, dass ich wieder angefangen habe, regelmäßig zu joggen. Zwar gehört diese Sportart nicht unbedingt zu meinen Lieblingsbeschäftigungen, aber ich wusste aus der Vergangenheit, dass mir beim Laufen durch die Natur immer die besten Ideen kamen. Nicht nur, weil ich in dieser Zeit hochwertiges Brainfood in Form von Hörbüchern und Podcasts konsumieren kann, sondern weil ein sich in Bewegung befindender Körper eben auch zwangsläufig einen bewegten Geist nach sich zieht.

So kam es, dass ich schon nach kurzer Zeit wieder eine lange Liste mit neuen Themen für meine Videos erstellt hatte.

Doch die Freude über meine wiedergekehrte Kreativität wurde durch einen anderen Faktor getrübt. Als Keynote-Speaker genieße ich das Privileg, Vorträge rund um die Welt halten zu dürfen. Gern erkunde ich neue Städte mit einer morgendlichen Laufrunde. Aber während ich beim Joggen im Ausland permanent von anderen Sportlern gegrüßt und angelächelt wurde, erlebte ich in meinem Wohnort Berlin etwas vollkommen anderes. Die mir entgegenkommenden Jogger blickten mit schöner Regelmäßigkeit entweder Richtung Boden oder machten ein Gesicht wie sieben Tage Regenwetter. Gegenseitiges Grüßen? Leider komplette Fehlanzeige. Der Zustand frustrierte mich immer mehr und ich begann, reflexartig mit dem Finger auf andere zu zeigen. Wahrscheinlich lag es an der Muffeligkeit der Berliner. Weil im Bezirk Pankow einfach so viele Spießer wohnen. Oder vielleicht sogar an der generellen Mentalität der Deutschen.

Doch zum Glück erinnerte ich mich an meinen Klick-im-Kopf-Moment und fragte mich: «Welchen Anteil habe ich an dieser Situation, von der ich behaupte, dass ich unzufrieden mit ihr bin?» Auch wenn die Antwort zu Beginn recht hart war, so öffnete sie mir doch die Tür zur Veränderung, denn mein Anteil war ziemlich groß. Also begann ich, Verantwortung zu übernehmen und mich auf die Dinge zu konzentrieren, die ich beeinflussen konnte, das Verhalten vorzuleben, das ich mir von anderen wünschte. Ich fing an, die anderen Jogger anzulächeln, freundlich zu grüßen und manchmal auch nur aus der Entfernung zu winken. Hat das sofort das gewünschte Ergebnis gebracht? Natürlich nicht. Aber immer mehr Läuferinnen reagierten auf mich. Sie lächelten, grüßten mich und winkten zurück. Wer weiß, möglicherweise haben Sie so sehr gefallen an dieser neuen Verhaltensweise gefunden, dass sie demnächst auch von sich aus andere Jogger grüßen.

Für mich ist dies ein wunderbares Beispiel, wie die Übernahme von Verantwortung und einer Veränderung im Kleinen zu einer sich selbst verstärkenden Erfolgs-Domino-Rallye führen kann. Wenn es Klick im Kopf macht und wir verstehen, dass Situationen sich niemals von allein verbessern, sondern ausschließlich dann, wenn wir etwas dafür tun. Dies gilt im persönlichen Alltag, im Business und natürlich auch für alle anderen Lebensbereiche. Das entsprechende *Mindset* lässt sich wie folgt zusammenfassen: «If you don't like it, change it!» Alles, was es dafür bedarf, ist die Entscheidung, von Defensive auf Offensive zu wechseln. Das wird Ihnen immer dann besonders gut gelingen, wenn Sie die Verantwortung für die wichtigste Story von allen übernehmen: Ihre eigene.

DIE WICHTIGSTE STORY VON ALLEN

Lassen Sie uns direkt mit einer großen Idee beginnen:

Alles, was Sie sagen, sagen Sie zuerst zu sich selbst.

Ihr innerer Dialog hat eine enorme Wirkung. Er kann motivieren oder ernüchtern. Zu Klarheit oder Wischiwaschi-Entscheidungen führen. Er bestimmt außerdem, ob Ihr Fokus auf Chancen, Möglichkeiten und potenziellen Lösungen liegt oder ausschließlich auf den Risiken, Problemen und all dem, was schiefgehen kann. Aber haben Sie schon einmal bewusst darauf geachtet, wie Sie mit sich selbst reden? Welche Formulierungen verwenden Sie? Ermutigen Sie sich oder sind Sie Ihr größter Kritiker? In welcher Tonalität sprechen Sie mit sich selbst? Die wichtigste Frage hierbei lautet: Mit welchen Botschaften versorgen Sie Ihr Unterbewusstsein?

«Sie haben entweder Ergebnisse im Leben oder eine Story, die Sie sich immer wieder erzählen.» Diesen Satz habe ich vor vielen Jahren in einem Buch von Tony Robbins gelesen. Auch wenn ich im ersten Moment instinktiv mit dem Kopf genickt habe, so musste ich mir im Laufe der Jahre eingestehen, dass die Aussage in dieser Formulierung ganz einfach nicht stimmt (sorry, Tony), denn ob es Ihnen bewusst ist oder nicht: Sie erzählen sich jeden einzelnen Tag die unterschiedlichsten Geschichten. Diese basieren auf Ihren tiefsten Überzeugungen und Erfahrungen der Vergangenheit. Je häufiger Sie diese in Ihrem Unterbewusstsein verankerten Suggestionen, Botschaften und Narrative wiederholen, desto mehr prägen Sie Ihr *Mindset* und damit den wichtigsten Teil Ihrer Persönlichkeit: Ihre Identität. Oder wie Kindra Hall es in ihrem Buch *Choose your Story, Change your Life* auf den Punkt gebracht hat: «Eine Geschichte hat die Fähigkeit, das Gehirn zu kapern, es zu infiltrieren und die Gedanken, Emotionen und Verhaltensweisen wie ein Puppenspieler zu steuern. Doch der viel wichtigere Zusammenhang ist die Reaktion, die Storys auf unser Gehirn haben, wie sie Gedanken zu Realität, Einbildungen zu Fakten und die Zukunft zu Gegenwart umwandeln können.»

Wenn Sie diesen Satz etwas sacken lassen, dann bedeutet es in letzter Konsequenz, dass Ihr Gehirn nicht zwischen Vorstellung und Realität unterscheiden kann. Ist die Geschichte Ihres Lebens also negativ, dann denken, entscheiden und verhalten Sie sich auch entsprechend. Ist sie hingegen positiv, dann spiegelt sich auch das entsprechend wider. Ich möchte das Zitat von Robbins daher gern wie folgt umformulieren:

Die Ergebnisse in Ihrem Leben sind ein direkter Spiegel der Story, die Sie sich immer wieder erzählen.

Welche Geschichten Sie sich auch erzählen, Ihr Gehirn wird auf unbewusster Ebene alles dafür tun, um sie wahr werden zu lassen. Ihr aktuelles Leben ist das Resultat der Storys, die Sie sich in der Vergangenheit erzählt haben. Einige waren klein, andere groß. Manche sehr kraftvoll, andere vermeintlich unbedeutend. Es waren Storys darüber, wer Sie sind, was möglich und was unmöglich ist, wozu Sie fähig sind, warum Sie erfolgreich sind oder scheitern, ob das Glas halb voll oder halb leer ist und was Sie vom Leben insgesamt erwarten. In der Summe ergeben all diese Geschichten dann die übergeordnete Story Ihres Lebens, auf der Ihre gesamte Realität aufbaut. Wenn es Ihnen wie 99 Prozent der Bevölkerung geht, dann ist all dies übrigens unbewusst und mehr oder weniger zufällig geschehen.

Aber wenn Geschichten eine solch kraftvolle Wirkung haben, dass sie unsere Karriere, unsere Finanzen, unsere Beziehungen und unsere generelle Zufriedenheit bestimmen, dann wäre jetzt doch ein guter Zeitpunkt, die Verantwortung zu übernehmen und den Zufall durch eine wegweisende Entscheidung zu ersetzen, oder? Ich möchte Sie daher für die kraftvolle Idee begeistern, die Story Ihres Lebens zu einem wahren Meisterwerk zu machen. Zu einer Geschichte, die es wert wäre, in Hollywood verfilmt zu werden, und von der sich andere Menschen magisch angezogen fühlen.

«Das klingt ja alles ganz schön, Ilja. Aber meine Story soll einem Hollywood-Blockbuster gleichen? Ich bin doch nur eine ganz normale Führungskraft, deren Alltag meist eher grau ist.» Wenn Sie gerade einen ähnlichen Gedanken hatten, dann konnten Sie live die Kraft von sich selbst erfüllenden Prophezeiungen erleben. Sehr häufig beginnen die Geschichten, die Sie sich selbst erzählen, nämlich mit «Ich bin» bzw. «Ich bin nicht» und formen damit Ihre Wahlmöglichkeiten, im zweiten Schritt Ihr Verhalten und schlussendlich Ihre Ergebnisse. Denken Sie in diesen Momenten immer daran, dass es die Story Ihres Lebens ist. Nur Sie bestimmen über die Handlung, die beteiligten Personen und wie das Ganze ausgeht. Da Ihr Gehirn nicht zwischen Vorstellungen und Realität unterscheiden kann, wird es einen Weg finden, um die von Ihnen kreierte Geschichte auch Wirklichkeit werden zu lassen. Haben Sie Lust bekommen, Verantwortung für die wichtigste Story von allen zu übernehmen?

Sehr schön. Doch bevor wir dazu eine geniale Mentaltechnik nutzen werden, wollen wir zuerst eine Bestandsaufnahme durchführen. Wenn Sie die Story Ihres Lebens neu schreiben wollen, dann ist es eine gute Idee, zu wissen, von wo aus Sie starten. Halten Sie das Ganze kurz und versuchen Sie, so spontan wie möglich folgende Fragen zu beantworten:

- Was sind meine wichtigsten Werte im Leben?
- Welche Fähigkeiten habe ich mir im Laufe der Jahre angeeignet?
- Für welche Talente bewundern mich meine Freunde und Kollegen?
- Wovon habe ich schon als Kind geträumt?
- Welche positiven Charaktereigenschaften sagt man mir nach?
- Welche Stärken habe ich?
- Wie stelle ich mir mein perfektes Leben in fünf Jahren vor?
- In welchen Bereichen bin ich eine Expertin?
- Welche besonderen Skills besitze ich, von denen die meisten Menschen in meinem Umfeld nichts wissen?
- Was wollte ich immer schon machen, habe mich aber nie getraut, es zu versuchen?

Nun möchte ich Sie einladen, groß, verrückt und vollkommen hemmungslos zu träumen. Gehen Sie gedanklich fünf, zehn oder sogar zwanzig Jahre in die Zukunft und fragen Sie sich:

- Wer will ich sein?
- Was will ich erreicht und geschafft haben?
- Wo und mit wem will ich mein Leben verbringen?
- Woran erkenne ich, dass ich den Erfolg lebe, von dem ich träume?

Beantworten Sie diese Fragen nicht nur intellektuell, sondern lassen Sie sich von Ihren Gefühlen leiten. Erleben Sie den Zielzustand mit allen Sinnen. Spüren Sie so intensiv wie möglich, wie sich Ihre individuelle Definition von Erfolg anfühlt. Und nun kommt der mentale Hack, denn wir wollen die Technik des «Reverse Engineering» nutzen, bei der wir uns schrittweise vom Ziel bis hin zum heutigen Tag zurückarbeiten wollen.

Schreiben Sie die Story der vielen Jahre, Monate und Wochen, die Sie voller Commitment und Herzblut verbracht haben. Was mussten Sie lernen? Was trainieren? Welche Entscheidungen haben Sie letzten Endes getroffen? Notieren Sie die wichtigsten Meilensteine und die Momente, in denen Sie vor Glück am liebsten laut aufgeschrien hätten. Vergessen Sie aber auch nicht die Tränen, die in den Momenten der Frustration geflossen sind. Die Sorgen und Zweifel, wenn die Dinge nicht so gelaufen sind, wie Sie es sich vorgestellt haben. Schreiben Sie die Hindernisse auf, die Sie überwinden mussten. Ihre tiefsten Ängste, was alles schiefgehen könnte. Die Tage, an denen Sie aufgeben wollten, aber dann doch weitergemacht haben. Vergessen Sie dabei auf keinen Fall die Menschen, die Sie auf Ihrem Weg unterstützt und emotional supportet haben.

Nun kommt der coole Part. Lesen Sie laut vor, was Sie gerade aufgeschrieben haben. Um was es sich dabei handelt? Eine Story voller Ecken und Kanten. Voller Zweifel und Rückschläge. Voller Hindernisse und Ablenkungen am Wegesrand. Eine Story, die so vielfältig wie das Leben selbst ist. Die aber am Ende ein Happy End hat. Das Beste daran: Es ist Ihre Story. Doch weit mehr: Es ist eine Story, die es wert ist, erzählt zu werden.

Alles, was es jetzt noch zu tun gibt, ist, diese in einem einzigen Satz zusammenzufassen. In der Businesswelt würde man das als «Mission Statement» bezeichnen. Vergessen Sie aber lieber gleich die komplizierte Sprache der Konzerne und kommen Sie direkt auf den Punkt. Am besten funktioniert das, indem Sie die Person beschreiben, die Sie sein werden, wenn Sie Ihren Zielzustand erreicht haben. «Ich werde die erfolgreichste Keynote-Speakerin in Europa sein.» «Ich werde ein glücklicher Familienvater sein, der in Balance zwischen Job und Familie lebt.» «Ich werde eine Unternehmerin sein, die mit ihrer

Marke eine Delle ins Universum haut.» Solche Sätze sollten Sie schreiben. Mehr bedarf es nicht. Sie haben die Route festgelegt und Sie werden unterwegs die Straße bauen, die Sie zu genau diesem Ziel führt.

Sobald Sie beginnen, Verantwortung für die wichtigste Geschichte von allen zu übernehmen, werden wundervolle Dinge geschehen. Dies gilt umso mehr, wenn Sie beginnen, die Story auch mit Ihrem Umfeld, Ihren Kunden und Geschäftspartnern zu teilen. Nicht nur wird man Sie als charismatischer wahrnehmen, sondern Sie bauen sukzessive eine starke Personenmarke auf, die den Erfolg anzuziehen scheint, wie das sprichwörtliche Licht die Motten. Dies liegt daran, dass erinnerungswürdige und emotionale Storys in den Gehirnen Ihrer Kommunikationspartner die Glückshormone Cortisol, Dopamin und Oxytocin ausschütten. Mit Menschen, die in uns gute Gefühle auslösen, macht man ganz automatisch gern Geschäfte, baut nachhaltige Beziehungen auf und hat sie ganz einfach gern um sich.

Mit dem letzten Absatz schließt sich der Bogen dieses Kapitels, denn bevor wir unsere Story mit unserem Umfeld teilen können, müssen wir sie zuerst uns selbst erzählen. Bevor wir Verantwortung für andere Menschen übernehmen können, müssen wir zuerst Verantwortung für uns selbst übernehmen. Ein Satz der mich diesbezüglich sehr inspiriert hat, ist der folgende:

You can't pour from an empty cup.

Sie können nichts aus einer leeren Tasse ausschütten. Nehmen Sie sich daher regelmäßig Zeit für sich selbst. Tun Sie Dinge, die Ihnen guttun, und kümmern Sie sich um Ihre mentale Hygiene. Das hat nichts, aber auch gar nichts mit Egoismus zu tun, sondern ist die absolut notwendige Voraussetzung dafür, anderen unterstützend beistehen zu können. Je hektischer und stressiger der Alltag, desto regelmäßiger empfiehlt es sich, einen «Tassencheck» durchzuführen.

Nur wenn Ihre Tasse fast schon am überlaufen ist, können Sie voll und ganz Verantwortung übernehmen. Für Ihr eigenes Leben, für andere Menschen und für Ihren ganz persönlichen Einflussbereich. Je mehr Inhalt sich in Ihrer Tasse befindet, desto häufiger können Sie andere Menschen einladen, daraus zu trinken. Seien Sie die Veränderung, die Sie sich für Ihr Umfeld wünschen. Leben Sie Verantwortung vor und beginnen Sie im Kleinen. Wer weiß: Möglicherweise drehen Sie damit am Ende sogar die ganz großen Räder. Schließen möchte ich daher mit einem Zitat von Steve Jobs, der es so schön auf den Punkt gebracht hat: «Die Menschen, die verrückt genug sind zu denken, dass sie die Welt verändern könnten, sind diejenigen, die es tun.» Es bleibt nur eine Frage offen: Trauen Sie sich, zu dieser Kategorie zu gehören?

MINDSET-MEMO

DIE 5 WICHTIGSTEN IDEEN DES KAPITELS

1 Die bewusste und unumstößliche Entscheidung, die volle Verantwortung für Ihre Vergangenheit, Gegenwart und Zukunft zu übernehmen, ist die absolute Grundvoraussetzung für ein Leben, das von Bedeutung, Sinn und Erfüllung geprägt wird.

2 Rüm Hart – Klaar Kiming, ein weites Herz und ein klarer Horizont, ist das perfekte Motto, um die Zukunft aktiv zu gestalten.

3 Eine der kraftvollsten Fragen lautet: Was ist mein Anteil an der Situation, von der ich behaupte, dass ich unzufrieden mit ihr bin?

4 Situationen und Lebensumstände ändern sich niemals von allein, sondern immer nur dann, wenn Sie sich verändern.

5 Die Ergebnisse in Ihrem Leben sind ein direkter Spiegel der Story, die Sie sich immer wieder erzählen.

KAPITEL 3

BEWUSSTHEIT – LERNEN, ZU VERLERNEN

Darf ich Ihnen ein Geständnis machen? Hier kommt es: Ich habe den Film «*Titanic*» mit Kate Winslet und Leonardo DiCaprio noch nie gesehen. Ich hoffe, Sie sind nicht schockiert, aber die schnulzige Kombination aus der stereotypen Liebesgeschichte und dem tragenden Gesang von Céline Dion war für mich zum Kinostart im Jahr 1997 einfach zu viel. Und das, obwohl mich die wahre Begebenheit hinter diesem berühmten Hollywood-Blockbuster schon immer fasziniert hat, denn bis heute gibt es die unterschiedlichsten Theorien, Begründungen und Erklärungen, wie genau es zu der Katastrophe kommen konnte, bei der das wohl berühmteste (und als unsinkbar geltende) Kreuzfahrtschiff der Geschichte am 14. April 1912 kurz vor Mitternacht mit einem Eisberg südlich von Neufundland kollidierte. Neben einer Kette von verschiedenen Fehlentscheidungen spielte auch das Pech eine gewisse Rolle. Der Eisberg, der den Kurs der Titanic kreuzte, befand sich nämlich ungewöhnlich weit im Süden und hätte sich zu der Zeit eigentlich gar nicht dort befinden dürfen (ja, die beiden berühmten Worte «hätte» und «eigentlich»).[25]

Aber selbst unter diesen unglücklichen Umständen bleibt eine Frage offen: Wie konnte es passieren, dass Kapitän Edward John Smith und seine Offiziere den Eisberg einfach zu spät sahen? Immerhin war dieser laut Augenzeugenberichten knapp 31 Meter hoch und 122 Meter lang? Die Antwort liefert uns die Wissenschaft, die mittlerweile herausgefunden hat, dass sich der Eisberg nur zu 16,7 Prozent über der Wasseroberfläche befand[26], während die große Masse sich bis zu 185 Meter tief Richtung Meeresboden ausstreckte. Oder anders ausgedrückt: Während der Eisberg in der bewussten Wahrnehmung nur wie ein kleiner Hügel aussah, waren die tatsächlichen Ausmaße für das menschliche Auge schlichtweg unsichtbar.

Doch genug der Vorrede, denn natürlich soll es in diesem Kapitel weder um schnulzige Hollywoodfilme oder tragische Schiffskatastrophen gehen, sondern um Sie, liebe Leserinnen und Leser. Um Ihre ganz persönlichen Eisberge im Leben. Der Grund, warum die Titanic sank, hat nämlich eine ganze Menge mit Ihrem aktuellen *Mindset* zu tun. Dieses setzt sich ebenfalls aus zwei Teilen zusammen. Da ist auf der einen Seite Ihr bewusster Verstand, der auf Fakten, rationalen Argumenten und intellektuellen Analysen basiert. Auf der anderen Seite hingegen gibt es das Unterbewusstsein, das von Emotionen, Automatismen und impulsiven Verhaltensweisen geprägt ist. Im angloamerikanischen Sprachraum bezeichnet man diese beiden Teile auch als «Conscious Mind» und «Unconcious Mind», was wesentlich besser beschreibt, dass es sich um zwei Seiten ein und derselben Medaille handelt. Einen Haken hat die Sache jedoch: Wie beim Eisberg befindet sich nur ein kleiner Teil des *Mindsets* unter Ihrer bewussten Kontrolle. Über 90 Prozent aller Denkmuster, Verhaltensweisen, Überzeugungen und Entscheidungsstrategien liegen tief in Ihrem Unterbewusstsein verborgen. Die Art und Weise, wie Sie arbeiten, wie Sie mit Geld umgehen, wie Sie Ihre Beziehungen führen, wie Sie die Welt insgesamt sehen und wie glücklich Sie mit Ihrem Leben sind, für all das gibt es ein Programm, das von bestimmten Auslösern getriggert und dann zuverlässig und präzise abgespult wird.

So wie Kapitän Smith die riesige Masse Eis unter Wasser einfach nicht sehen konnte, befinden sich auch Ihre unbewussten Automatismen außerhalb Ihrer Wahrnehmung. Doch sie sind da, sie sind real und sorgen dafür, dass die Lücke zwischen Ihren Träumen und der Realität im Laufe der Zeit immer größer wird. Weil auch hier der in Kapitel 1 erwähnte *Pygmalion-Effekt* ins Spiel kommt und sämtliche unbewussten Programme im Laufe der Jahre immer hartnäckiger werden, da Sie im Alltag überall «Beweise» finden werden, welche die Notwendigkeit eines Verhaltens, eines Denkmusters oder einer Überzeugung verstärken. Es kommt zu einer sich immer schneller und intensiver verstärkenden Negativspirale, die dazu führt, dass sogar Menschen, die auf rationaler Ebene alles dafür tun würden, erfolgreich zu sein, sich selbst immer wieder unbewusst sabotieren. Doch glücklicherweise lässt sich dieser Prozess nicht nur unterbrechen, sondern sogar umkehren. Indem Sie lernen zu verlernen.

UNBEWUSSTE SELBSTSABOTAGE

Hier kommt schon das nächste Geständnis. Ich war nie ein guter Schüler. Spätestens ab der 8. Klasse habe ich mich mehr oder weniger durchgewurschtelt. Hätte ich nicht einige Paradefächer gehabt, so hätte mir mein komplettes Desinteresse an Mathematik, Physik und Chemie wohl notentechnisch das Genick gebrochen. Aber erst heute, viele Jahre und eine große Portion Lebenserfahrung später, weiß ich, warum die Schule und ich nie beste Freunde wurden: Es lag an der Struktur, den Zielen und den Botschaften, die mir bewusst oder unbewusst über meine gesamte Kindheit eingetrichtert wurden. Vielleicht kommen Ihnen einige davon ja bekannt vor: Sitz still. Bereite Dich gut auf die nächste Prüfung vor. Pass Dich an. Mach Deine Hausaufgaben. Hinterfrage nicht. Befolge die Anweisungen der Lehrer. Lerne auswendig. Schreib in Deinem Heft nicht über den Rand. Mach nicht mehr als nötig. Regeln sind wichtiger als Kreativität. Halte Dich im Hintergrund. Das Kollektiv ist wichtiger als der Einzelne. Vermeide Risiken. Tu das, was alle tun. Schlag Dir die Träumereien aus dem Kopf. Last, but not least natürlich der bekannte Klassiker: Gute Noten sind wichtiger, als etwas zu verstehen.

Das Ergebnis? Das Schulsystem hat meine Kreativität und meinen Entdeckergeist gekillt. Weil auch heute immer noch die Methoden aus den 1980er-Jahren Bestand haben, sind Millionen von Kindern zwar echte Experten im Auswendiglernen und Bestehen von Klausuren, verfügen jedoch über so gut wie keine Problemlösungskompetenz. Natürlich ist dies nicht die Schuld der Lehrer, denn viele Lehrkräfte sind super engagiert und richtig toll. Leider haben sie mit genau den gleichen Hindernissen zu kämpfen, wie die damaligen Lehrkräfte, denn die Institution Schule mag keine kreativen Pädagogen. Stattdessen mag sie starre Lehrpläne. Fixe Strukturen. Auf keinen Fall eine Abweichung von der Norm. Der Status quo des Bildungssystems führt dann dazu, dass die einzige Fähigkeit, die unsere Kinder nach ihrem Abschluss perfekt beherrschen, «gut in der Schule sein» ist.

Doch welche Relevanz hat das Auswendiglernen von Fakten, die man innerhalb von wenigen Sekunden googeln könnte? Wie wichtig ist das Wiederkäuen von Antworten, welche die fragenden Lehrkräfte schon längst kennen? Wie entscheidend ist die alleinige Fokussierung auf das Bestehen von Klausuren, während die konkrete Anwendung von Wissen auf praktische Alltagsprobleme überhaupt keine Rolle spielt? Richtig, im wahren Leben sind vollkommen andere Kompetenzen gefragt. Weder Astrid Lindgren, Elon Musk, Arianna Huffington oder irgendeine andere außergewöhnliche Persönlichkeit hat ihren Erfolg der Ausbildung an einer Schule zu verdanken. Wir leben schon lange nicht mehr in der Industriegesellschaft, wo Schulen vor allem konforme Arbeiter hervorbringen sollten, die dann fleißig und zuverlässig ihren Dienst an den Fließbändern der Fabriken absolvieren sollten. Der Skill «*gut in der Schule zu sein*» ist beim Aufbau eines Start-ups, in der Führung eines Unternehmens oder der Entwicklung von zukunftsorientierten Ideen leider genauso irrelevant, wie wenn Sie eine absolute Expertin im Bowling wären, leckeren Käsekuchen zubereiten können oder die Stadtmeisterschaft im Jodeln gewonnen hätten.

Auch später an den Universitäten und Fachhochschulen wird es nicht etwa besser. Die Themen und Inhalte mögen zwar komplexer sein, aber trotzdem geht es in erster Linie immer noch um das Auswendiglernen von prüfungsrelevanten Informationen. Die praktische Anwendung des Wissens in unterschiedlichen Kontexten spielt hingegen so gut wie keine Rolle. Es war ein prägender Moment in meinem Leben, als ich kurz nach der Jahrtausendwende als frisch gebackener Diplom-Kaufmann meine Karriere zum Warenhausgeschäftsführer bei Karstadt startete. Werner Zeller, der Abteilungsleiter, der mich einarbeiten sollte, sprach zur Begrüßung direkt Klartext: «Grzeskowitz, schön, dass Sie studiert haben. Das interessiert im wahren Leben allerdings niemanden. In der Praxis sind vollkommen andere Fähigkeiten gefragt. Am besten verlernen Sie so schnell wie möglich alles, was Sie an der Uni gelernt haben.»

Rumms. Die Ansage saß. Aber sie hat dazu geführt, dass ich eine neue Perspektive eingenommen habe. Weil ich begriff, dass wir die Welt immer durch die Brille unserer eigenen Limitationen und Vorurteile sehen. Das wiederum bedeutete, dass mir die unbewussten Prägungen, Botschaften und Suggestionen des Bildungssystems für meine Zukunft nur im Wege stehen würden. Ehe ich mich versah, stand ich vor der wohl schwierigsten Veränderung meines bisherigen Lebens. Ich musste lernen, all das wieder zu verlernen, womit ich aufgewachsen war. Was man mir über Jahre in der Schule eingetrichtert hatte. Ich musste die Botschaften aus der Vergangenheit ablegen und neu definieren, wer ich sein wollte, woran ich glaubte und welches *Mindset* mich antreiben sollte. Zwischen den Ergebnissen in unserem Leben und unserem aktuellen *Mindset* gibt es nämlich einen direkten Zusammenhang: Wer wir sind, bestimmt in jeder Sekunde unseres Lebens das, was wir tun. Gleichsam bestimmen unsere Taten die Person, die wir sind. Allerdings dauert dieser Prozess wesentlich länger. In einer grafischen Übersicht können Sie sich dies wie folgt vorstellen.[27]

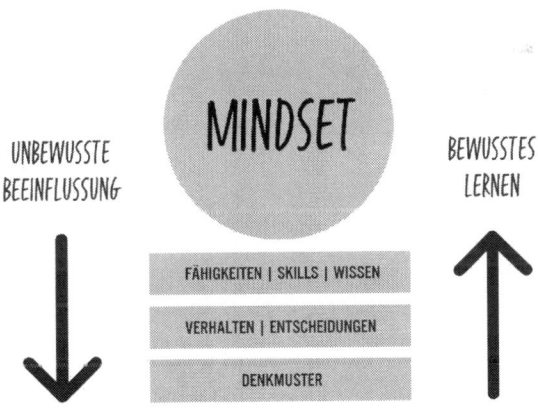

Wie auch immer das *Mindset* aussieht, mit dem Sie zurzeit durchs Leben gehen, es ist die einzigartige Kombination Ihrer Identität, Ihrer wichtigsten Werte und Ihrer tiefsten Überzeugungen. Diese besondere Mischung bestimmt nicht nur Ihre generelle Weltsicht, sondern auch Ihre Fähigkeiten, Ihr

Verhalten, Ihre Entscheidungsstrategien und am Ende des Tages eben auch Ihre Ergebnisse. Oder kurz und knackig auf den Punkt gebracht:

Ihr Verhalten ist immer ein direkter
Spiegel Ihres Mindsets.

Sie können sich auf intellektueller Ebene noch so sehr wünschen, eine erfolgreiche Unternehmerin zu sein, finanzielle Freiheit zu erlangen oder endlich den Partner fürs Leben zu finden. Wenn Ihr *Mindset* auf einer diesen Träumen entgegengesetzten Identität und damit einhergehenden Glaubenssätzen basiert, dann werden Sie alles dafür tun, dass die Realität sich Ihren Überzeugungen angleicht. Dies liegt an einem universellen Zusammenhang, wenn es um Veränderungen im Leben geht.

Je mehr ein Verhalten Ihr Mindset angreift, desto
mehr werden Sie unbewusst alles dafür tun,
dieses Verhalten aufzuschieben oder gar ganz zu
verhindern.

Beachten Sie bitte, dass dieser Prozess komplett unbewusst abläuft, selbst wenn Sie rational von Ihren Zielen überzeugt sind. Trotzdem sind Menschen wahre Künstler darin, all diese bewusst geäußerten Intentionen unbewusst zu sabotieren, damit die eigene Identität und die damit einhergehenden Überzeugungen bewahrt werden können.

Statt *Überzeugungen* können Sie gern auch *Glaubenssätze* oder *Beliefs* sagen. Gemeint sind damit die vermeintlichen Fakten und Zusammenhänge, von denen Sie glauben, dass sie wahr sind, sowie die generellen Prinzipien, wie das Leben funktioniert, was alles möglich ist oder wer Sie als Persönlichkeit sind bzw. sein könnten. Ein paar Beispiele gefällig? Hier kommt eine unvollständige Auswahl von ein paar Klassikern: Schuster bleib bei Deinen Leisten. Ich bin nicht gut genug. Geld verdirbt den Charakter. Rechne lieber mit dem Schlechtesten, dann wirst Du nicht enttäuscht. Erst die Arbeit, dann das Vergnügen. Das Leben ist kein Zuckerschlecken. Die Menschheit wird immer schlechter. Ich ziehe den Misserfolg magisch an. Das geht nicht so einfach. Um Erfolg zu haben, muss man die Ellenbogen ausfahren. Ich bin an allem schuld. Dafür fehlt mir die Zeit. Das mag bei anderen klappen, bei mir ist das anders. Oder mein absoluter Favorit: Veränderung muss hart sein, damit sie funktioniert.

Ich bin mir sicher, dass Sie beim Lesen direkt noch weitere Beispiele im Kopf hatten, nicht wahr? Dann lassen Sie uns jetzt zum wohl wichtigsten Charakteristikum von Glaubenssätzen kommen. Diese entstehen nämlich nicht aus dem Nichts und sind auf einmal da. Ganz im Gegenteil.

Glaubenssätze kommen immer von außen.

Sie zweifeln an dieser Aussage? Dann lassen Sie mich Ihnen einige Fragen stellen: Kennen Sie ein Baby, das als Rassist geboren wurde? Kennen Sie einen kleinen Jungen, der mit diskriminierenden Vorurteilen durchs Leben geht? Oder kennen Sie ein Mädchen, das seine ausländische Freundin im Kindergarten ausgrenzt, weil es davon überzeugt ist, dass diese ihr später mal den Job wegnehmen wird? Sehen Sie, ich auch nicht. Sämtliche Überzeugungen (die positiven wie die negativen) lernen wir erst im Laufe der Zeit von wichtigen Bezugspersonen aus unserem sozialen Umfeld. Ob wir es wollen oder nicht, wir übernehmen die Weltsicht unserer Eltern, Verwandten und später unserer Lehrer. Anfangs sind diese Glaubenssätze noch ganz klein und zart. Aber je mehr wir diese bestätigt sehen, desto mehr verfestigen sich diese. Bis sie irgendwann tief in unserem Unterbewusstsein verankert sind und dort zuverlässig ihre Wirkung entfalten.

Spätestens als Teenager haben wir dann ein entsprechendes *Mindset* entwickelt, welches uns als Kompass für unser Leben dient. Wir haben gelernt, was gut ist und was schlecht. Was man zu tun und was zu lassen hat. Welchen Platz uns das Schicksal zugeteilt hat und wie unsere Zukunft aussehen wird. Da die Masse der auf uns eingeprasselten Botschaften tendenziell eher negativ war, ist eben auch die Masse unserer Glaubenssätze entsprechend limitierend. Das Ergebnis: Trotz bester Intentionen sabotieren wir uns selbst und haben mit dem permanenten Gefühl zu kämpfen, dass wir gegen eine gläserne Wand anrennen würden. Weil unser Verhalten immer ein Spiegel unserer *Mindsets* ist. Was letztlich noch viel heimtückischer ist, weil wir von all dem überhaupt nichts mitbekommen.

«Okay Ilja, wenn mein *Mindset* ganz automatisch meine Fähigkeiten, mein Verhalten und meine Entscheidungen beeinflusst, dann muss ich ja eigentlich nur mein *Mindset* positiv verändern und schon führen mich meine unbewussten Programme wie von selbst näher an meine Ziele und Träume, oder?» Gut, dass Sie fragen. Meine Antwort kommt im Radio-Eriwan-Stil daher und lautet: Im Prinzip ja.[28] Denn die große Herausforderung lauert im unscheinbaren Wort «eigentlich». Es funktioniert nicht per Fingerschnipp und braucht eine gewisse Zeit. Wie Sie in der Abbildung erkennen können, ist die einzige Möglichkeit, Ihr *Mindset* dauerhaft durch Ihre Gedanken, Ihre Entscheidungen und Ihr Verhalten zu verändern, nämlich bewusstes Lernen. Mit dem Faktor «Bewusstheit» kommt der dritte Erfolgsfaktor des «UnChange-Mindsets» ins Spiel, der Ihnen die Möglichkeit gibt, die verborgene Masse Ihres persönlichen Eisbergs an die Oberfläche zu holen und dort gewünschte Veränderungen vorzunehmen. Wie genau das geht, das wollen wir uns nun anschauen.

DIE PERSÖNLICHEN EISBERGE DURCHBRECHEN

Hätte ich im Jahr 2006 bereits eine Löffelliste gehabt, dann hätte ich mit Sicherheit einen richtig dicken Haken gemacht.[29] Im Rahmen einer Incentivereise war ich gemeinsam mit anderen Unternehmern, Führungskräften und Geschäftsleuten zu einem Wochenendtrip nach Lappland eingeladen. Unser Camp schlugen wir im Norden Finnlands auf, von wo aus wir zu diversen Abenteuern aufbrachen. Neben einem beeindruckenden Ausflug mit Schlittenhunden, dem obligatorischen Rentiergulasch zum Mittag und einem Skimobilrennen ist mir insbesondere die Fahrt auf einem Eisbrecher im Gedächtnis geblieben, der sich mit einer faszinierenden Kombination aus roher Kraft und Eleganz eine Schneise durch das mehrere Meter dicke Eis schlug. Als Highlight durften wir – innerlich vom finnischen Wodka und äußerlich von einem Neoprenanzug gewärmt – in einem kleinen Loch mitten im ansonsten zugefrorenen Nordmeer baden. Ein Erlebnis aus der Kategorie «Gänsehaut pur». Während wir auf dem eiskalten Wasser treibend in Richtung des majestätischen Eisbrechers blickten, tippte mich von der Seite eine Mitreisende an und sagte zu mir: «Wäre es nicht genial, wenn wir auf dem Weg zu den Zielen in unserem Leben auch so leicht die auftretenden Probleme durchbrechen könnten?»

Tatsächlich versetzt Sie das «UnChange-Mindset» in die Lage, genau das zu tun. Doch während sich der Kapitän unseres Eisbrechers einem komplett zugefrorenen Meer aus Eis gegenübersah, ist Ihre Situation etwas herausfordernder, weil sich der Großteil Ihrer ganz persönlichen Eisberge – Ihre unbewussten Überzeugungen, Vorurteile, Stereotypen, Strategien und Muster – tief unter der Wasseroberfläche befindet. Ihre wichtigste Aufgabe ist es also, den unsichtbaren Teil des Eisbergs sichtbar zu machen. Um ihn dann durchbrechen zu können.

Der grundsätzliche Prozess ist überraschend einfach. Es gilt, ein limitierendes Muster zu identifizieren und aus dem Unterbewusstsein an die bewusste Oberfläche zu befördern. Dort können Sie es dann mit einer förderlichen Alternative ersetzen und es wieder zu einem unbewussten Automatismus werden lassen, der daraufhin seinen positiven Dienst für Sie erledigt. Klingt erst einmal einfach, nicht wahr? Ist es auch. Wie so häufig steht das Wort «einfach» aber vor allem für «nicht kompliziert» und nicht für «leicht», denn unbewusste Muster können extrem hartnäckig sein und es braucht eine große Portion Disziplin, Commitment und Durchhaltevermögen, um eine negative Gewohnheit in eine positive zu transformieren. Natürlich weiß ich, dass diese Eigenschaften in Zeiten, in denen die große Masse nur noch im Moment lebt und sämtliche Bedürfnisse am liebsten sofort erfüllt haben möchte, nicht besonders sexy klingen. Aber es lohnt sich nicht nur, sondern kann sogar eine Menge Spaß machen. Wenn Sie sich die Abbildung anschauen, dann sehen Sie den vierstufigen Prozess im Überblick.

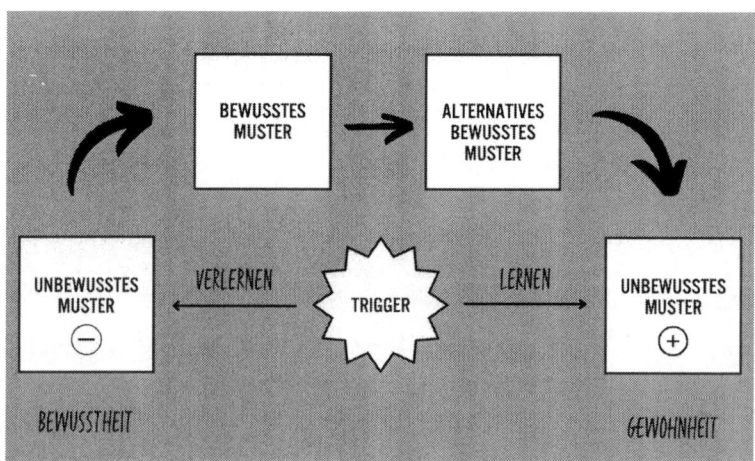

Bevor wir uns den einzelnen Stufen widmen, ist es wichtig, dass wir uns noch einmal detailliert das Prinzip von unbewussten

Automatismen anschauen. Diese funktionieren nämlich immer gleich. Stellen Sie sich dazu vor, dass Sie ein Computerprogramm schreiben, dem folgender Algorithmus zugrunde liegt: *Immer wenn X passiert, dann reagiere mit Y.* Ein klassisches Reiz-Reaktions-Schema. Im Kontext menschlichen Verhaltens ist X ein bestimmter Trigger, der eine emotionale Reaktion hervorruft, Sie an eine bestimmte Erfahrung erinnert oder einen Zustand auslöst. Als Auslöser können dabei Bilder, Wörter, Geräusche, Gerüche, Geschmäcker oder Tonfälle dienen. Wird ein solcher Trigger ausgelöst, spult Ihr Unterbewusstsein automatisch das gelernte Programm ab. Hier einige konkrete Beispiele:

- Sie nehmen den Duft von frischem Kuchen wahr und erinnern sich sofort an eine schöne Situation aus Ihrer Kindheit.
- Ihr Lebenspartner reagiert auf einen Vorschlag mit einem typischen Gesichtsausdruck und Sie fühlen sich automatisch unsicher.
- Sie hören Ihr Lieblingslied im Auto und sind wie von selbst motiviert.
- Sie blicken auf Ihr überfülltes E-Mail-Postfach und beginnen sofort damit, sich mit sinnlosem Surfen auf Social Media abzulenken.
- Ihr Chef verwendet einen bestimmten Tonfall und Ihr Selbstvertrauen rutscht in den Keller.
- Vor einer Präsentation blicken Sie in die Gesichter Ihrer Zuhörer und Ihr Herz fängt an, schneller zu schlagen.
- Sie fahren hungrig über die Autobahn und entdecken das leuchtende M einer großen Fast-Food-Kette. Obwohl Sie sich gesund ernähren wollen, fahren Sie an der Ausfahrt ab und bestellen sich einen Doppelcheeseburger mit Pommes und Milchshake (Sie wissen schon, dieses Beispiel habe ich von einem Freund).

In jedem dieser Beispiele sorgt der jeweilige Trigger dafür, dass ein automatisches Programm abgespult wird. Dabei ist es Ihrem Unterbewusstsein egal, ob es sich um etwas Positives oder Negatives handelt. Wichtig ist nur eins: Wenn X passiert, dann reagiert es mit Y. Daraus folgt eine entscheidende Erkenntnis. Wenn wir mit dem Y unzufrieden sind, dann müssen wir am X ansetzen.

STUFE 1: BEWUSSTHEIT

Jeden Tag läuft Ihr Unterbewusstsein auf Hochtouren. Sie denken, entscheiden und handeln. Das Problem dabei: Das Ganze läuft so automatisiert ab, dass es für Sie normal geworden ist und Sie es gar nicht mehr mitbekommen. Das Ziel des ersten Schritts ist es, diesen unbewussten Loop zu durchtrennen und unbewusste Muster an die bewusste Oberfläche zu holen. Gehen Sie hierfür mit einem hohen Grad an Achtsamkeit durchs Leben. Nehmen Sie wahr, welche Trigger bei Ihnen welches Verhalten auslösen. Welche Gedanken Sie in welchen Situationen denken. Welche Strategie Ihre Entscheidungen bestimmt und auch, welche Muster Sie in Ihrem Verhalten erkennen können. Anfangs wird Ihnen dies wie eine nahezu unlösbare Aufgabe erscheinen. Kein Wunder, denn wo Ihr Alltag vor Kurzem noch per Autopilot abgespult wurde, nehmen Sie das Steuer nun selbst in die Hand. Aber auch Achtsamkeit kann trainiert werden. Je bewusster Sie die vielen Prozesse wahrnehmen, die bisher komplett unbewusst abgelaufen sind, desto leichter wird Ihnen Schritt zwei fallen.

STUFE 2: VERLERNEN

Je achtsamer Sie durchs Leben gehen, desto mehr unbewusste Muster werden Sie wahrnehmen, die für Sie eher limitierend als förderlich sind. Wählen Sie sich nun eines dieser Muster aus, das Sie gern verändern möchten. Achten Sie für einige Tage ganz genau darauf, welche Strategien hinter dem Verhalten stecken. Wie genau läuft das Muster ab? Was genau tun Sie und in welcher Reihenfolge tun Sie es? Welche Sinne sind involviert? Am allerwichtigsten: Durch welchen Trigger wird das Verhalten ausgelöst? Denn es gilt, das gelernte Programm *Wenn X passiert, dann reagiere mit Y* so bewusst wie möglich zu unterbrechen und im nächsten Schritt umzuprogrammieren.

STUFE 3: LERNEN

Nun ist es Zeit für eine Entscheidung: Welches alternative Verhalten möchten Sie anstelle des alten als unbewussten Automatismus etablieren? Es reicht leider nicht, wenn Sie sich nur von einer negativen Gewohnheit verabschieden. Ohne positive Alternative ist dieser Versuch zum Scheitern verurteilt. Warum? Weil nach der Verbannung des Verhaltens zunächst ein Vakuum entsteht. Immer wenn der Trigger X ausgelöst wird, sucht das «Programm» verzweifelt nach der gewohnten Reaktion Y. Bieten Sie an dieser Stelle keine Alternative an, so wird nach kurzer Zeit wieder auf das alte Verhalten zurückgegriffen. Es ist nicht ausreichend, nur zu entscheiden, dass Sie beispielsweise kein Fast Food mehr essen wollen, Sie benötigen auch die entsprechende neue Wahlmöglichkeit. Der Algorithmus könnte dann so aussehen: Immer wenn ich das leuchtende M an der Autobahn entdecke, atme ich tief durch, trinke einen Schluck Wasser und genieße einen Proteinriegel.

STUFE 4: GEWOHNHEIT

Abschließend gilt es nun, aus der gewählten Veränderung einen neuen – und förderlichen – Automatismus zu machen. Je bewusster Sie den Trigger mit dem neuen Verhalten verbinden, desto erfolgreicher wird die Transformation verlaufen. Wie James Clear in seinem Bestseller *Atomic Habits* beschreibt, dauert es im Schnitt 66 Tage, um eine neue Gewohnheit zu etablieren. Warum also nicht ein Projekt starten, das genau so lange dauert? Wichtig sind dabei zwei Faktoren. Erstens das bewusste Einbauen des neuen Verhaltens in Ihren Alltag und zweitens die Regelmäßigkeit. Je häufiger das neue Programm abgespult wird, desto eher hat es die Chance, wieder ins Unterbewusstsein zu sinken und von dort aus als Automatismus seine positive Wirkung zu erzielen.

Auf diese Weise haben Sie eine wundervolle Methode an der Hand, limitierende Muster zu verlernen, neue Gewohnheiten zu etablieren und so schrittweise Ihre persönlichen Eisberge zu durchbrechen. Sie benötigen noch etwas Inspiration, in welchen Bereichen es sich lohnt, zu lernen, wie man unbewusste Automatismen verlernt? Here we go:

- Limitierende Glaubenssätze
- Schlechte Entscheidungsstrategien
- Negative Denkmuster
- Unnötige Vorannahmen
- Impulsives Verhalten
- Emotionale Reaktionen
- Unbegründete Vorurteile
- Die Tendenz, Ausreden zu suchen, warum etwas nicht geht
- Der Fokus auf Probleme
- Übermäßiges Zweifeln
- Die Tendenz, sich zu rechtfertigen
- Der Drang zum Perfektionismus
- Die Storys, die Sie sich jeden Tag erzählen

Ich wünsche Ihnen gleichsam Freude und Erfolg beim Entdecken und Durchbrechen Ihrer persönlichen Eisberge. Doch achten Sie darauf, dass Sie nicht zu viel auf einmal wollen. Ein Automatismus zurzeit ist nicht nur mehr als ausreichend, sondern Sie erhöhen auch die Wahrscheinlichkeit einer nachhaltigen Veränderung.

ES GIBT KEIN «NEW NORMAL»

Wenn Sie schon einmal einen Roadtrip durch den Norden Amerikas gemacht haben, dann sind Sie südlich von Chicago möglicherweise durch meine absolute Lieblingsstadt gefahren. Diesen Status hat der 52.736 Einwohner zählende Ort nicht etwa durch seine Architektur, sein kulturelles Angebot oder eine erfolgreiche Baseballmannschaft erhalten. Vielmehr ist es der Name, der mich fasziniert, denn die Stadt heißt *Normal*. Wie überall in den USA üblich steht am Ortsausgang ein Schild, dass die Gäste verabschieden soll. Der Text lautet: *Leaving Normal*. Kann es eine bessere Metapher für das Leben geben? Denn spätestens seit die COVID-19-Pandemie unsere gewohnten Regeln und Abläufe komplett durchgeschüttelt hat, sollte auch der Letzte verstanden haben, dass es so etwas wie eine «Normalität» nicht (mehr) gibt. Dafür sind die Krisen zu unberechenbar, die Veränderungen zu intensiv und die Notwendigkeit zur Anpassung zu dringend geworden. Eine Schlussfolgerung, die dann gern gezogen wird, lautet dementsprechend auch: Welcome to the New Normal. Willkommen in der neuen Normalität.

Ich kann die dahinterstehende Haltung durchaus verstehen, denn wir Menschen sehnen uns nun mal nach Beständigkeit, Routinen und gewohnten Abläufen, vermitteln sie uns doch ein Gefühl der Sicherheit. Nach all den Unsicherheiten der letzten Jahre lechzen wir danach, dass die Welt endlich wieder normal wird, und wenn es schon nicht mehr ganz so wie früher sein kann, dann doch wenigstens in einer neuen Form, also einem «neuen Normal». Aber was wäre, wenn es nie wieder so wird wie früher? Was wäre, wenn 2019 nur noch eine Erinnerung an die gute, alte Zeit wäre? Was wäre, wenn die intensiven Veränderungen bleiben und zu einem Dauerzustand würden? Hier kommt eine große Idee: Vergessen Sie das Konzept des «New Normal». Stattdessen möchte ich Ihnen eine alternative Botschaft vorschlagen:

Welcome to the Never Normal. Willkommen im Zeitalter, in dem nichts mehr normal ist.

Die Welt wird einfach nicht mehr so sein, wie wir es gewohnt waren. Was wir alle instinktiv spüren, belegen auch die aktuellen Studien. Laut einer McKinsey-Umfrage unter 200 Organisationen in verschiedenen Branchen sagen 90 Prozent, dass sich die Art und Weise, wie das Business funktioniert, fundamental verändern wird.[30] Auch unser Alltag lässt sich mit vielen Worten beschreiben. Normal ist keines davon. Macht Ihnen der Gedanke daran Angst? Keine Sorge, Sie sind damit nicht allein. Wenn Veränderungsvorhaben scheitern, egal ob im persönlichen Alltag oder im Job, dann selten, weil Menschen nicht bereit wären, neue Ideen zu akzeptieren. Es liegt vielmehr an der Angst davor, die alten loszulassen.

Ein guter erster Schritt, um das Zeitalter des «Never Normal» zu begrüßen, wäre, den Glaubenssatz zu verlernen, dass Krisen immer gleichbedeutend mit Entbehrungen, Niedergang und riesigen Problemen wären. In Zeiten der Veränderung gab es in der Geschichte schon immer Menschen, die erfolgreiche Unternehmen gegründet, bahnbrechende Erfindungen gemacht und außergewöhnliche Ideen entwickelt haben. Jeff Bezos erkannte in den 1990er-Jahren, dass die Welt durch die Verbreitung des Internets nie mehr so sein würde wie vorher. Also kündigte er seinen gutbezahlten Job bei D. E. Shaw, zog nach Seattle und gründete einen virtuellen Buchladen, der heute als *Amazon* bekannt ist. Der Unternehmer Bodo Janssen traute sich während einer großen Krise seiner Hotelkette *Upstalsboom* entgegen allen Gepflogenheiten, die

Mitarbeitenden und den Faktor «Sinn» in den Mittelpunkt zu stellen, und sorgte mit dem Paradigmenwechsel der stillen Revolution für einen Turnaround. Bekannte Marken wie *Uber, Airbnb, WhatsApp* oder *Slack* wurden während der Finanzkrise 2008 gegründet und auch während der Coronapandemie erblickten mehr Technologie-Start-ups das Licht der Welt als in den Jahren zuvor.[31]

Die schlechteste Strategie in der Ära des «Never Normal» ist es, abzuwarten, zu zögern und zu hoffen, dass sich die Vergangenheit durch Zufall irgendwie in die Zukunft übertragen ließe. Obwohl *Kodak* der absolute Marktführer im Bereich der Fotografie war, setzte man lieber auf die Verbesserung des Farbfilms und überließ der Firma *Logitech* die Massenverbreitung der Digitalkamera. Das Automobil wurde nicht von Kutschenbauern, der Personal Computer nicht von Schreibmaschinenherstellern und digitale Bezahlsysteme nicht etwa von Banken, sondern von den Handyproduzenten *Telenor Mobil* und *Ericsson* erfunden. Woran das liegt? Weil das Prinzip Hoffnung und das Festhalten an den Erfolgen früherer Jahre noch nie gute Berater waren. Weil man in Zeiten, die von intensiven Veränderungen geprägt sind, mit einem bequemen *Weiter so* einfach keinen Blumentopf gewinnen kann.

Je eher Sie daher das Konzept des «Never Normal» nicht nur akzeptieren, sondern als Ihren größten Verbündeten umarmen, desto größer können Ihre Durchbrüche sein. Insbesondere in Krisen trennt das «UnChange-Mindset» die Spreu vom Weizen. Denn je stabiler und fester Ihre Wurzeln sind, desto flexibler können Sie im Denken und Handeln sein. Je bewusster Sie den Fokus auf Chancen und Möglichkeiten richten, desto eher können Sie lernen, die bekannten Wege zu verlassen und Dinge auszuprobieren, die sich vorher noch niemand getraut hat.

Einer meiner Lieblingsautoren ist James Patterson, dessen Bücher sich bis heute über 100 Millionen Mal verkauften. Doch sein Start ins Leben eines Schriftstellers lief damals eher suboptimal: Nachdem er seinen Job als Werbetexter in einer Agentur aufgab, um sich voll und ganz dem Schreiben zu widmen, verkauften sich nur knapp 10.000 Exemplare seines Debütromans *The Thomas Berryman Number*. Eine mehr als dürftige Zahl. Also beschloss er, für sein nächstes Werk – den Thriller *Along Came a Spider* – mit den Konventionen der Buchbranche zu brechen und etwas vollkommen Neues zu probieren. Er wollte das Buch mit TV-Werbung einem breiten Publikum vorstellen. Die Antwort seines Verlags: «Auf keinen Fall. Zu teuer. Die Leser wollen keine Buchwerbung im Fernsehen erhalten.»

Doch Patterson gab nicht auf und produzierte die Werbespots mit seinem eigenen Geld. Die Qualität überzeugte auch den Verlag, der sich bereit erklärte, die Hälfte der Kosten für die Kampagne zu übernehmen. War es ein mutiger Schritt? Definitiv. Noch nie wurde ein Buch im nationalen Fernsehen mit Anzeigen beworben. Es war eine Aktion jenseits der Normalität. Hat es sich gelohnt? Absolut. Das Buch kletterte zum Erscheinungstermin direkt auf Platz neun der New-York-Times-Bestsellerliste, es wurden bis heute über fünf Millionen Exemplare verkauft und *Along Came a Spider* ist bis heute Pattersons erfolgreichstes Werk. Gleichzeitig war es der Startschuss für eine der bemerkenswertesten Karrieren in der Literaturgeschichte. Das Vermögen von James Patterson wird heute auf knappe 100 Millionen Dollar geschätzt und er veröffentlicht jedes Jahr mehrere neue Bücher.

Liebe Leserinnen und Leser: In welchen Bereichen Ihres Lebens ist es an der Zeit, die bequemen Pfade zu verlassen und jenseits der Normalität Spuren zu hinterlassen? Genau dort, in den unerforschten Gebieten des «Never Normal», liegen die größten Chancen. Wenn Sie sich entscheiden, Ihre unbewussten Eisberge zu identifizieren und die Segel zu neuen Ufern zu setzen. Natürlich wird Ihnen der Wind dabei häufig direkt von vorne ins Gesicht blasen. Je mutiger Ihre Ideen sind, desto mehr wird man sie bekämpfen, belächeln oder sogar versuchen, in die Ecke von realitätsfernen Spinnern zu drängen. Mein Lieblingsbeispiel ist ein Tweet des ehemaligen Siemens-Chefs Joe Käser vom 8.11.2019, in dem er Elon Musk als «kiffenden Kollegen aus den USA bezeichnet, der von Peterchens Mondfahrt spricht»[32]. Aber wenn es jemanden gibt, der das Konzept des «Never Normal» mit Haut und Haaren verinnerlicht hat, dann ist es der Visionär aus Südafrika. Heute, vier Jahre nach dem Tweet, ist das Tesla Modell Y der meistverkaufte PKW in Deutschland, Starlink versorgt viele Teile der Welt mit Highspeed-Internet und Musks Raumfahrtfirma *SpaceX* hat nicht nur die NASA in Sachen Innovationsfähigkeit überholt, sondern führt auch längst kommerzielle Flüge ins Weltall durch.

Denken Sie immer daran: Es ist Ihr Leben. Nur Sie bestimmen, wie Sie es leben, welche Ziele Sie erreichen und welche Träume Sie in die Tat umsetzen wollen. Die «UnChange-Philosophie» hilft Ihnen dabei, die richtige Balance zu finden, denn natürlich ist nicht alles Neue automatisch gut. Nicht alles Alte ist per se schlecht. Aus diesem Grund ist jedes Veränderungsvorhaben auch immer ein wenig wie der berühmte Ritt auf der Rasierklinge. Auf der einen Seite sollten wir uns immer wieder fragen, was gut funktioniert, sich bewährt hat und wir daher bewahren wollen. Im gleichen Maße sollten wir jedoch nie die Bereitschaft dazu verlieren, Prozesse, Ziele, Strategien und insbesondere uns selbst radikal auf den Prüfstand zu stellen und einer bewussten Disruption zu unterziehen. Das Zauberwort ist dabei das Wort «bewusst», denn der dritte Erfolgsfaktor des «UnChange-Mindsets» sorgt insbesondere in unsicheren und stürmischen Zeiten dafür, dass Dinge geschehen werden, von denen andere Menschen nicht einmal zu träumen wagen. Wenn der Faktor «Bewusstheit» in Ihr Leben Einzug hält, dann sind Sie nicht nur in der Lage, Ihre unbewussten Eisberge zu durchbrechen, sondern Ihre Lebensqualität dramatisch zu erhöhen. Weil Sie der Beliebigkeit Lebewohl sagen. Weil Sie Ihrem Umfeld Orientierung bieten und weil Sie nur noch mit Intention (also bewusst) kommunizieren und wirken. Hier kommt eine letzte große Idee in diesem Kapitel:

Bewusstheit schlägt alles.

Ja, wirklich alles. Andere mögen schlauer, schneller oder talentierter sein. Wenn Sie mit der richtigen Intention an Ihre Aufgaben gehen, werden Sie immer den berühmten Schritt voraus sein, weil schlichtweg nichts eine derart große Kraft besitzt wie die richtige Intention. Sie agieren nicht länger zufällig, beliebig und belanglos, sondern geben jedem einzelnen Moment Ihres Lebens eine konkrete Bedeutung. Das gilt für die kleinen Situationen des Alltags, insbesondere aber für die großen Herausforderungen in Zeiten des «Never Normal». Warum?

- Bewusstheit sorgt für Klarheit.
- Bewusstheit stärkt Ihr Selbstbewusstsein.
- Bewusstheit eliminiert Zweifel.
- Bewusstheit knüpft ein unsichtbares Band zwischen zwei Menschen.
- Bewusstheit schafft Gewissheit.
- Bewusstheit erzeugt positive Gefühle.
- Bewusstheit ersetzt Belanglosigkeit durch Bedeutung.

- Bewusstheit sorgt für den richtigen Fokus.
- Bewusstheit motiviert.
- Bewusstheit ist wichtiger als alle Techniken, Methoden und Prozesse zusammen.
- Bewusstheit durchbricht Ihre ganz persönlichen Eisberge.

Je nachdem, von welchem Ausgangspunkt Sie starten, bedeutet es natürlich ein wenig Arbeit, die Wurzel der Bewusstheit in den Mutterboden des «UnChange-Mindsets» wachsen zu lassen. Je häufiger Sie jedoch bewusst denken, entscheiden, kommunizieren und handeln, desto eher durchbrechen Sie Ihre unbewussten Eisberge und entwickeln neue Automatismen, und dann geschieht etwas Spannendes, ja fast schon Magisches: Sie werden all das mit einer großen Portion Gelassenheit und Leichtigkeit angehen. Sie werden nicht nur außergewöhnliche Ergebnisse erzielen, ein Leben mit Bedeutung führen und Spuren auf den Wegen jenseits der Normalität hinterlassen. Ich könnte es nie so gut formulieren wie der Lyriker Walt Whitman, der es mit folgendem Satz auf den Punkt brachte: «Im Walde zwei Wege boten sich mir dar und ich ging den, der weniger betreten war – und das veränderte mein Leben.» Dem ist nichts hinzuzufügen.

MINDSET-MEMO

DIE 5 WICHTIGSTEN IDEEN DES KAPITELS

1 Sie sehen die Welt immer durch die Brille Ihrer Vorurteile und Limitationen.

2 Je mehr ein Verhalten Ihr Mindset angreift, desto mehr werden Sie unbewusst alles dafür tun, dieses Verhalten aufzuschieben oder gar ganz zu verhindern.

3 Unbewusste Programme lassen sich in vier Stufen aufdecken: Bewusstes Wahrnehmen. Verlernen des alten Musters. Lernen des neuen Musters. Wiederholen bis eine Gewohnheit etabliert wurde.

4 Wir leben im Zeitalter des «Never Normal». Einer Ära, in der nichts mehr normal ist.

5 Je häufiger Sie bewusst denken, entscheiden, kommunizieren und handeln, desto eher durchbrechen Sie Ihre unbewussten Eisberge und entwickeln neue Automatismen.

KAPITEL 4

BEDEUTUNG – STATUSSYMBOL ZUFRIEDENHEIT

«Einmal verrückt sein und aus allen Zwängen flieh'n.» Während mir diese Zeile aus dem Lied *Ich war noch niemals in New York* von Udo Jürgens durch den Kopf schwirrt, wälze ich mich um vier Uhr morgens in Manhattan in meinem Bett umher. Die Kombination aus Jetlag und Ohrwurm lässt mich nicht mehr schlafen. Also widme ich mich meiner Lieblingsbeschäftigung: dem Schreiben. Währenddessen denke ich über Zufälle, die Launen des Schicksals und die Wunder des Universums nach. Ich blicke aus meinem Hotelzimmer auf den zu dieser Zeit noch menschenleeren Bryant Park, werde ein wenig sentimental und schmunzele über die fast schon emotionale Verbindung, die mich sowohl mit dem Song, vor allem aber der Stadt New York verbindet. Wenn Sie schon eines meiner Bücher gelesen haben, dann wissen Sie, welche Bedeutung das zu den erfolgreichsten Werken von Udo Jürgens zählende Lied für mich hat.[33] Weil der Songtext für mich die perfekte Hymne für alle Menschen ist, die von der Sehnsucht angetrieben werden, dass es noch mehr geben sollte, als immer nur zu funktionieren, als fleißiges Bienchen den Großteil des Tages in einem grauen Büro zu verbringen und das wahre Leben dann am Wochenende und im Urlaub zu genießen.

Aus diesem Grund spielte ich das Lied auch viele Jahre lang in voller Lautstärke in jedem meiner Seminare am Anfang, in den Pausen, am Ende, und immer dann, wenn sich eine Gelegenheit anbot. Jedes einzelne Mal geschah etwas Faszinierendes. Nachdem die anfänglichen Reaktionen sich in einer Spanne zwischen Skepsis und offener Ablehnung befanden, kippte die Stimmung spätestens nach ein paar Stunden. Zuerst schunkelten nur ein paar Teilnehmer beschwingt mit, dann fingen die ersten an, den Refrain mitzusingen, bis am Ende die ganze Gruppe in schöner Regelmäßigkeit den kompletten Song laut mitschmetterte. So kam es, wie es kommen musste. Da *Ich war noch niemals in New York* nach wenigen Jahren zu einer Art Markenzeichen meiner Events wurde, ließ eines Tages eine Teilnehmerin mehr oder weniger beiläufig den folgenden Satz fallen: «Also wirklich, Ilja, wir haben das Lied jetzt so häufig gehört. Viele von uns waren wirklich noch nie in New York. Warum veranstaltest Du das nächste Seminar denn nicht direkt dort?»

Meine erste Reaktion war ein übertriebenes Verlegenheitslachen. Ein Seminar in New York? Das kann man doch nicht einfach so machen. Oder etwa doch? Die Idee ließ mich nicht mehr los. Ehe ich mich versah, begann ich zu planen, zu kalkulieren und zu konzipieren und flog tatsächlich ein knappes Jahr später mit einer Gruppe toller Menschen für ein Seminar in die Stadt, die niemals schläft. Im Rahmen des Programms hatte ich mir auch eine Aufgabe ausgedacht, die eine direkte Verbindung zu Udo Jürgens und seinem Song beinhaltete. Die Teilnehmer sollten in Dreiergruppen losziehen und an bekannten Sehenswürdigkeiten wie dem Central Park, dem Times Square oder dem Empire State Building eine Gruppe von mindestens 15 New Yorkern dazu bringen, mit ihnen das Lied zu singen, das uns alle verband: *Ich war noch niemals in New York,* und zwar auf Deutsch. Das Ganze sollte zudem per Digitalkamera gefilmt werden (Smartphones konnten damals gerade mal leicht verpixelte Fotos aufnehmen). Der komplette Tag drehte sich also um Udo Jürgens und seinen großen Hit. In ganz Manhattan wurde der Refrain von Menschen aus der ganzen Welt gesungen und so manch einer von uns scherzte, dass der Sänger bestimmt Schluckauf haben müsste, weil so viele Menschen gleichzeitig an ihn dachten.

Während meine Gruppen ihre Aufgaben erledigten, ging ich ohne konkretes Ziel durch Manhattan spazieren und freute mich schon darauf, mir am Abend die vielen Videos anschauen zu können. Doch was dann geschah, lässt mich auch heute, viele Jahre später, immer noch eine Gänsehaut bekommen. Ich war gerade auf dem Weg Richtung Central Park, als ich in der Madison Avenue an einer Ampel warten muss. Als mein Blick auf die andere Straßenseite wandert, bleibt er an einem Gesicht hängen, das mir irgendwie bekannt vorkommt. Ich denke mir: «Das kann doch nicht sein?!» Ich schaue genauer hin. «Das ist, doch ... nein, das kann nicht sein!» Aber er war es tatsächlich. Udo Jürgens stand mir live und in Farbe an einer Ampel in New York gegenüber. An exakt dem Tag, an dem sich von vorne bis hinten alles um ihn drehte.

Zufall? Ich weiß es nicht. Aber bis heute bin ich froh, dass ich nicht lange nachgedacht, sondern ihn direkt angesprochen habe. Natürlich habe ich ihm davon erzählt, warum ich überhaupt in der Stadt bin, wie viel mir sein Lied bedeutet und dass zur gleichen Zeit eine Gruppe von Menschen dabei ist, es gemeinsam mit Hunderten von New Yorkern zu singen. Wissen Sie, was Udo Jürgens als Allererstes zu mir gesagt hat? Ich habe leider keinen blassen Schimmer, denn die Surrealität der Situation versetzte mich in eine Art Trancezustand.

Dafür weiß ich noch genau, wie ich mich damals gefühlt habe, denn der Weltstar versuchte nicht etwa, mich schnell abzuwimmeln, sondern gab mir in dem Moment das Gefühl, dass ihm unser Gespräch wirklich wichtig war. Beeindruckend, oder? Nachdem wir ein wenig geplaudert hatten, stellte ich ihm zum Ende unseres Gesprächs eine Frage, die mir damals unter den Nägeln brannte: «Es gibt so viele Menschen, die innerlich gekündigt haben. Die mit 30 Jahren schon frustriert sind. Die ihren Job oder sogar ihr ganzes Leben hassen. Was ist Ihr Geheimnis, dass Sie auch mit fast 80 Jahren immer noch mit so viel Herzblut, Motivation und Leidenschaft Ihrem Job nachgehen?» Seine Antwort sorgte direkt für den nächsten Gänsehautschub: «Denken Sie an meinen Song. Finden Sie Ihr persönliches New York im Leben. Und dann tun Sie alles dafür, genau dort hinzukommen.»

Liebe Leserinnen und Leser, ich möchte Ihnen an dieser Stelle einige Fragen stellen, die das Potenzial besitzen, einen positiven Wendepunkt für Sie zu definieren.

- Was ist Ihr persönliches New York im Leben?
- Welcher Traum lässt Ihr Herz schneller schlagen und welches Ziel ist so anziehend, dass Sie sich auf jeden einzelnen Schritt auf dem Weg dorthin freuen?
- Was ist Ihre Berufung?
- Wer wollen Sie sein?
- Wo, mit wem und auf welche Art und Weise wollen Sie leben, arbeiten und Spuren hinterlassen?

Gar nicht so einfach, oder? Ich weiß noch, wie ich mir nach der Begegnung mit Udo Jürgens dieselben Fragen stellte und zugegebenermaßen erst einmal überhaupt keine Antworten fand. Also machte ich das, was ich in solchen Situationen immer schon gemacht habe: Ich warf mich selbst ins kalte Wasser und fing einfach mal an, eine vage Idee von meiner Zukunft zu entwerfen, die sich dann im Laufe der Zeit immer mehr konkretisierte. Ich träumte verrückt, setzte mir mutige Ziele und gab mir selbst das Versprechen, wirklich alles dafür zu tun, um diese auch zu erreichen. Ich weiß nicht, ob es an meiner emotionalen Aufbruchsstimmung lag, ob es Schicksal war oder weil das Universum für mich genau diesen Weg vorgesehen hatte, aber meine Karriere gewann auf einmal rasch an Fahrt und es verschlug mich auch immer wieder in die Stadt, in der alles begann: nach New York. Ich durfte dort eines meiner Bücher launchen, Vorträge auf coolen Events halten und wertvolle Geschäftsbeziehungen knüpfen, von denen sich einige zu guten Freundschaften entwickelt haben.

Während ich mich in meinem Hotelzimmer am Bryant Park an all die Höhen und Tiefen, die Erfolge und Niederlagen und vor allem die unzähligen kleinen und großen Herausforderungen der letzten zehn Jahre erinnere, wird mir eine Tatsache so richtig bewusst: Mein persönliches New York war für mich niemals ein Ort. Es war kein messbares Ziel und auch kein bestimmter Erfolg. Es war und ist eine Emotion. Ein Zustand. Das Gefühl, ein selbstbestimmtes und bedeutungsvolles Leben führen zu können. Genau das bringt mich zum zentralen Thema dieses Kapitels, dem Erfolgsfaktor «Bedeutung». Darf ich Ihnen eine große Idee anbieten?

Ohne Bedeutung werden Sie niemals nachhaltig glücklich und zufrieden sein.

Die «Bedeutung» könnte man als eine Art erster Stein in einer riesigen Domino-Rallye betrachten, dem wiederum weitere Eigenschaften wie «Motivation», «Erfüllung», «Mut», «Hoffnung» und «Gestaltungslust» fast schon automatisch folgen. Keine Rolex, keine Luxusyacht und kein anderes vermeintliches Statussymbol werden Ihnen jemals die gleiche Zufriedenheit bringen, wie es Tätigkeiten, Aufgaben und Ziele tun, die eine Bedeutung haben. Wenn aber der Zusammenhang zwischen einem erfüllten Leben und dem Faktor «Bedeutung» so offensichtlich ist, warum ist die große Masse dann so frustriert und unglücklich? Der Grund liegt zwischen Ihren Ohren. Sowohl metaphorisch als auch physisch.

WAS SIE MIT KROKODILEN GEMEINSAM HABEN

Es gibt ein Phänomen, das jeden einzelnen Tag dafür sorgt, dass Sie Ihre Träume zurück in die Schublade legen und sich stattdessen mit unwichtigen Tätigkeiten ablenken. Dass Sie keine mutigen Entscheidungen treffen, sondern lieber auf Nummer sicher gehen. Dass Sie die Umsetzung Ihrer Ziele immer wieder auf morgen verschieben. Dass Sie nicht beenden, was Sie begonnen haben. Dass Sie sich einreden, nicht gut genug zu sein und dass Ihnen etwas fehlen würde, und schlussendlich, dass Sie lieber unglücklich bleiben, anstatt die Dinge zu tun, die wirklich eine Bedeutung (für Sie) haben. Steven Pressfield bezeichnet diesen unbewussten Prozess der Selbstsabotage in seinem fantastischen Buch *The War of Art* als *den Widerstand* und meint damit eine unerbittliche, intelligente und destruktive Kraft, deren einziges Ziel es ist, uns davon abzuhalten, die beste Version von uns selbst zu werden und unsere höheren Ziele zu erreichen. Immer dann, wenn Sie etwas Neues erschaffen und sich verändern wollen, flüstert Ihnen eine Stimme in Ihrem Kopf verführerisch zu, dass Sie nicht gut genug, nicht kreativ genug oder nicht motiviert genug wären. Kommt Ihnen bekannt vor, nicht wahr?

Dieser innere Widerstand ist der Grund, warum Karrieren stagnieren, warum das schon lange geplante Unternehmen nicht gegründet wird, warum Diäten scheitern, warum die Fitnessstudios ab Mitte Januar wieder so leer sind wie im Dezember, warum so viele Menschen finanziell auf keinen grünen Zweig kommen, warum Beziehungen in die Brüche gehen, warum die ersehnte Weltreise nicht angetreten wird, warum potenzielle Autorinnen das in ihnen schlummernde Buch nicht schreiben und warum die große Masse niemals den Erfolg erreichen wird, von dem sie träumt. Es ist nämlich so, dass, obwohl man all die Dinge auf bewusster Ebene wirklich erreichen will, ein evolutionär bedingter Instinkt in den entscheidenden Momenten die Kontrolle übernimmt und dafür sorgt, dass man eine passende Ausrede findet, sich ablenkt, mit unwichtigen Dingen beschäftigt oder sich auf eine andere kreative Art und Weise selbst sabotiert. Ich bin mir sicher, dass Sie die Situationen kennen, von denen ich spreche, oder? Wenn nicht, dann kommen hier ein paar Beispiele:

Haben Sie sich jemals vorgenommen, eine sehr wichtige Aufgabe zu erledigen? Dies kann das Erstellen einer Webseite, das Entwickeln eines Konzepts für Ihren besten Kunden, der Launch eines neuen Produkts oder etwas vollkommen anderes sein. Aber anstatt sich mit vollem Einsatz an die Umsetzung zu machen, haben Sie die nächsten Stunden lieber mit belanglosem Surfen im Internet und dem Anschauen von Katzenvideos auf Ihrer Lieblings-Social-Media-Plattform verbracht. Der Grund war der Widerstand. Können Sie sich an einen Konflikt erinnern, bei dem Sie mit Wut, Ärger und einem emotionalen Ausbruch reagiert haben, für den Sie sich später geschämt haben? Auch hier war der Widerstand am Werk. Hatten Sie jemals ein Problem, vor dem Sie davongelaufen sind, obwohl es ein Leichtes gewesen wäre, eine Lösung zu finden? Wenn Sie sich beim Lesen dieser Zeilen leicht ertappt fühlen, dann sorgen Sie sich bitte nicht. Sie sind mit dieser Art von Reaktionen nicht allein. Die unbewusste Selbstsabotage ist ein universelles Phänomen, von dem wir alle, ohne jede Ausnahme, betroffen sind. Mehr noch, je bedeutungsvoller eine Aufgabe, ein Projekt oder ein Ziel ist. Der innere Widerstand wird intensiv versuchen, Sie mit aller Macht davon abzuhalten. Es verwundert daher nicht, dass es so viele Menschen gibt, die sich nichts sehnlicher wünschen, als glücklich, erfolgreich und zufrieden zu sein, aber unbewusst alles dafür tun, die für die Umsetzung notwendigen Dinge zu unterlassen.

Der Ursprung für dieses irrationale Verhalten ist nicht etwa mangelnde Motivation oder fehlende Willenskraft. Es liegt an etwas ganz anderem, nämlich an der Tatsache, dass in Momenten wie diesen Ihr Krokodilhirn die Kontrolle übernommen und Ihren intellektuellen Verstand zur Seite gedrängt hat. «Moment mal, Ilja, mein was?» Ja, Sie haben richtig gelesen: Ihr Krokodilhirn. Wir alle besitzen eines und es ist extrem kraftvoll. Lassen Sie mich erklären, was ich damit meine. Haben Sie sich schon einmal gefragt, was Hühner, Rehe, Eichhörnchen und Krokodile gemeinsam haben? Auf den ersten Blick natürlich nicht viel. Beim genaueren Hinsehen verbindet sie aber die Tatsache, dass sie alle nur ein winziges Gehirn besitzen, dessen einzige Aufgabe darin besteht, das Überleben sicherzustellen. Aus diesem Grund kennt es auch nur drei verschiedene Zustände. Es hat entweder Angst, ist hungrig oder will sich fortpflanzen.

Die aus diesem Antrieb entstehenden Verhaltensweisen laufen fernab jeglichen Bewusstseins ab, sind ausschließlich instinktgesteuert und folgen dem Reflex, in Extremsituationen entweder zu attackieren oder die Flucht zu ergreifen. Aus diesem Grund spricht man auch von «wilden Tieren» (also zumindest bei den Krokodilen), was sie von uns Menschen unterscheidet, die als einzige Spezies auf diesem Planeten über ein Bewusstsein verfügen und intelligente und auf rationalen Argumenten basierende Entscheidungen treffen können. Naja, zumindest theoretisch. Denn auch wenn die Menschheit sich im Laufe der Evolution immer weiterentwickelt hat, so verfügen wir auch heute immer noch über ein «Krokodilhirn», was dazu führt, dass wir regelmäßig den Instinkten aus der Urzeit nachgeben.

Infolgedessen neigen wir dazu, irrationale, hochemotionale und oftmals richtig dumme Entscheidungen zu treffen.

Um das etwas besser zu erklären, möchte ich Sie an dieser Stelle auf einen kurzen – und zugegebenermaßen stark vereinfachten – Ausflug in die Neurowissenschaften mitnehmen. Obwohl das menschliche Gehirn ein extrem komplexes Gebilde ist, so lässt es sich doch in vier grobe Bereiche unterteilen, die alle eine spezielle Funktion haben.[34] Das Stammhirn ist entwicklungsgeschichtlich am ältesten und steuert Ihre Atmung, den Herzschlag und alle anderen unbewussten Körperfunktionen, die Sie zum Überleben benötigen. Es folgt das limbische System, dessen bekanntester Bestanteil das «Krokodilhirn» ist, welches Sie möglicherweise bereits unter dem Fachbegriff Amygdala[35] kennen. Wie bei den wilden Tieren wird dieser ungefähr walnussgroße Bereich von den drei Urinstinkten *Angst, Fortpflanzung* und *Wut* getriggert und folgt auch bei uns Menschen dem klassischen Reflex von Flucht oder Angriff. Dies geschieht dabei komplett unbewusst und lässt sich niemals intellektuell steuern. Das Krokodilhirn hat eine panische Angst vor unbekannten Situationen und ist daher ein wahrer Meister darin, mögliche Veränderungen zu verhindern, weil diese Momente in der Urzeit jederzeit den Tod bedeuten konnten. Nur dass Sie heute eben nicht mehr von Säbelzahntigern oder Mammuts bedroht werden, sondern von neuen Ideen, neuen Wegen und neuen Zielen. Um den Status quo zu beschützen, redet Ihnen eine innere Stimme in diesen Momenten immer wieder ein, lieber kein Risiko einzugehen, Kompromisse zu schließen oder neue Dinge gar nicht erst auszuprobieren.

Weitere Bestandteile sind das Kleinhirn (Cerebellum), das für Koordination und motorische Kontrolle zuständig ist, sowie das Großhirn (Cerebrum), der evolutionstechnisch jüngste und kultivierteste Teil des Hirns, der aus den vier Bereichen des Frontallappens (zuständig für Planen, logisches Denken, Steuerung der Muskulatur oder Lösen von Problemen), des Temporallappens (Hören, Sprechen, Bewertung von visuellen Impulsen), des Parietallappens (Orientierung, Erkennen von Zusammenhängen, Wahrnehmung unterschiedlicher Stimuli) und des Okzipitallappens (visuelle Wahrnehmung) zusammengesetzt wird.[36]

Bildlich gesprochen verfügen Sie also über zwei Gehirne: Das von Instinkten, Emotionen und Trieben gesteuerte Krokodilhirn, dessen Aufgabe es ist, Sie vor Gefahren zu schützen, indem es Veränderungen konsequent zu verhindern versucht, damit der Istzustand erhalten bleiben kann. Auf der anderen Seite das analytische Hirn, das Sie in die Lage versetzt, Situationen logisch zu bewerten, mit Wörtern zu kommunizieren und intellektuell zu wachsen. Obwohl dieser Bereich den Großteil der Hirnmasse ausmacht, wird er von der evolutionstechnisch wesentlich erfahreneren Amygdala regelmäßig in die Schranken gewiesen und übergibt dieser die komplette Kontrolle. Dies führt im Alltag dazu, dass Sie in Situationen, in denen der Status quo in Gefahr ist, sämtliche rationale Bewertungen über Bord werfen und ausschließlich emotional, instinktiv und impulsiv reagieren.

Es ist ein wenig wie der berühmte Dialog zwischen dem Engelchen und dem Teufelchen, die auf Ihren Schultern sitzen und versuchen, Sie von ihrem jeweiligen Standpunkt zu überzeugen. Auch Ihre beiden Gehirne flüstern Ihnen regelmäßig etwas zu. Der rationale Teil argumentiert dabei mit Fakten, bleibt sachlich und analysiert die jeweilige Situation anhand aller zur Verfügung stehenden Informationen. Das Krokodilhirn hingegen versucht mit aller Macht, mögliche Veränderungen zu verhindern, indem es impulsiv den Trieben *Angst, Hunger* und *Fortpflanzung* nachgibt. Ganz unabhängig davon, ob die

daraus entstehenden Verhaltensweisen Ihren bewusst geäußerten Zielen entsprechen. Das Problem dabei: Die Stimme
des Krokodilhirns ist immer lauter. Der emotionale Impuls
übertönt jede rationale Vernunft. Jedes einzelne Mal. Genau
das ist die Ursache, warum wir uns so häufig selbst sabotieren,
obwohl wir auf intellektueller Ebene eigentlich etwas ganz
anderes wollen.

Um Sie vor dem hypothetischen Versagen zu schützen, ver-
hindert der Widerstand, dass Sie den so wichtigen Vortrag
halten. Er lässt Sie nicht das Buch schreiben, damit andere
Menschen sich nicht über Sie lustig machen können. Er hindert
Sie daran, Ihr Unternehmen zu gründen, damit Sie nicht
scheitern können. Er lässt Sie in der unglücklichen Beziehung
verharren, damit Sie nicht verletzt werden können. Die Beispiele
sind endlos. Je mehr Bedeutung etwas für Sie hat, desto mehr
wird sich das Krokodilhirn ins Zeug legen und alles dafür tun,
um Sie an der Umsetzung zu hindern. Nur damit alles so bleibt,
wie es ist.

Der unbewusste Widerstand ist der Hauptgrund, warum Sie
es nicht schaffen, aus Ihrer Komfortzone auszubrechen, zur
Selbstoptimierung neigen und nicht die Ergebnisse erzielen,
die Sie sich vorgenommen haben. Sie wollen ein Leben mit
Bedeutung führen? Dann gibt es nur eine Möglichkeit. Sie
müssen dem Widerstand widerstehen. Ihr Krokodilhirn in die
Schranken weisen. Das geht am besten, wenn Sie dahin gehen,
wo es weh tut. Wenn Sie der Gefahr in die Augen sehen. Wenn
Sie trotz stürmischer See die Segel setzen und sich auf zu neuen
Ufern machen.

DER WEG DES GRÖßTEN WIDERSTANDS

Immer dann, wenn Sie sich in Situationen befinden, in denen Ihre Sicherheit bedroht, Ihr sozialer Status in Gefahr ist, Ihre Identität angegriffen wird, wenn es um Geld, Sex, Macht oder Essen geht, laufen Sie Gefahr, dass Ihr Krokodilhirn die Kontrolle übernimmt und der dadurch ausgelöste Widerstand dafür sorgt, dass Sie beginnen, sich selbst zu sabotieren. Im Alltag äußert sich das dann gern in einigen typischen Verhaltensweisen:

- Sie verschieben Ziele, Projekte oder Aufgaben.
- Sie suchen (und finden!) Ausreden, warum etwas nicht geht.
- Sie fangen viele Dinge an, beenden diese aber nicht.
- Sie sind extrem selbstkritisch.
- Sie stecken in der «Wenn-dann-Falle» (Wenn ich erst einmal X habe, kann oder bin, dann kann ich auch Y haben, tun oder erreichen).
- Sie halten sich krampfhaft an der Vergangenheit fest.
- Sie erschaffen sich eine Scheinwelt.
- Sie erliegen dem Drang, perfekt sein zu müssen, sodass kein Ergebnis jemals gut genug ist.
- Sie kritisieren andere Menschen und projizieren Ihre eigene Unsicherheit auf Ihr Umfeld.
- Sie haben keine Kontrolle über Ihre Gedanken und Ihr Verhalten.
- Sie werden von Selbstzweifeln geplagt.
- Sie suchen so lange nach Problemen, bis Sie eines finden.
- Sie streben nach sofortiger Befriedigung Ihrer Bedürfnisse, egal wie sehr Ihre langfristigen Ziele darunter leiden.
- Sie haben Schwierigkeiten, Prioritäten zu setzen, und neigen dazu, sich zu verzetteln.

- Sie sind ein Meister darin, Ihre durch den Widerstand getriggerten Verhaltensweisen im Nachhinein zu rationalisieren.

Beim Lesen dieser Beispiele verspüren Sie den Impuls, das Buch am liebsten direkt in die Ecke schmeißen zu wollen, weil Sie sich bei so vielen Punkten ertappt gefühlt haben? Vorsicht, mit hoher Wahrscheinlichkeit ist auch hier der Widerstand am Werk. Sie sind mit diesen Gefühlen nicht allein. Ganz im Gegenteil. Jeder einzelne von uns kennt diese Situationen. Viel wichtiger ist, wie Sie damit umgehen. Die Erkenntnis, dass diese fiese Stimme in Ihrem Kopf Sie davon abhalten will, ein Leben mit Bedeutung zu führen, ist schon mal ein erster Schritt. Lassen Sie einfach Ihr «UnChange-Mindset» seine magische Wirkung entfalten und akzeptieren Sie, dass Sie nicht perfekt sind und es auch niemals sein werden. Jeden einzelnen Tag warten neue Konflikte zwischen einem Leben mit Bedeutung und der durch das Krokodilhirn ausgelösten Selbstsabotage auf Sie.

Doch je weniger Sie den Versuchungen des Widerstands nachgeben, desto schneller werden diese auch wieder verschwinden. Die buddhistische Nonne Pema Chödrön erklärt dies in ihrem Buch *Don't bite the Hook* mit dem Begriff «Shenpa», was so viel bedeutet wie «die juckende Stelle nicht zu kratzen». Für mich eine perfekte Metapher. Stellen Sie sich für einen Moment vor, dass Sie morgens aufwachen und sich ein frischer Mückenstich an Ihrem Arm befindet. So klein dieser auch sein mag, der Juckreiz kann sehr intensiv sein. So intensiv, dass Sie einen inneren Drang verspüren, den Zustand durch Kratzen zu lindern, obwohl Sie auf rationaler Ebene genau wissen, dass es dadurch nur noch schlimmer wird. Trotzdem tun Sie es und bereuen es hinterher. Lassen Sie das Empfinden hingegen los und fokussieren Sie sich auf andere Dinge, dann heilt die Entzündung recht schnell von ganz allein. Das Gleiche gilt für die Momente, in denen der

Widerstand Sie verführen möchte, Dinge zu tun, die Sie von geplanten Aufgaben, Zielen und Veränderungen ablenken. Geben Sie diesen Versuchungen auch nur einen Moment nach, ist es um Sie geschehen. Das Krokodilhirn übernimmt die Kontrolle und die unbewusste Selbstsabotage nimmt ihren Lauf.

Die große Kunst ist es daher, diese Situationen zu erkennen und dem Drang zu widerstehen, die juckende Stelle zu kratzen. Dies gelingt umso besser, wenn Sie sich in den entscheidenden Momenten immer wieder ganz bewusst an folgende Punkte erinnern:

- Widerstehen Sie dem Drang, sich selbst zu verurteilen. Überzogene Selbstkritik ist immer ein Zeichen des Widerstands. Geben Sie sich stattdessen die Erlaubnis, ein Mensch mit Stärken und Schwächen, mit Ecken und Kanten und mit Talenten und Defiziten zu sein.
- Verbannen Sie die Ausreden aus Ihrem Alltag. Je verbindlicher Sie sind, desto erfolgreicher werden Sie sein. Halten Sie Ihre Versprechen, insbesondere diejenigen, die Sie sich selbst gegeben haben.
- Teilen Sie große Projekte in viele kleine Meilensteine auf und genießen Sie die Erfolge, wenn Sie ein Zwischenziel erreicht haben. Das dadurch entstehende Momentum schläfert Ihr Krokodilhirn zuverlässig ein.
- Haben Sie keine Angst, Fehler zu machen oder zu scheitern. Diese Momente bieten die besten Gelegenheiten, als Persönlichkeit zu wachsen und dazuzulernen. Am Ende des Tages gibt es nur eine Möglichkeit, wirklich zu scheitern: es gar nicht erst zu versuchen. Nicht wahr?
- Entwickeln Sie so viele Ideen wie möglich. Gute wie schlechte. Rationale wie verrückte. Je absurder eine Idee klingt, desto besser. Je mehr Sie sich abseits der gewohnten Wege befinden, desto größer die Chance, dass Sie etwas erschaffen, das Bedeutung besitzt.

- Definieren Sie Routinen, feste Prozesse und kraftvolle Gewohnheiten. Ihr Krokodilhirn hasst die dadurch entstehende Konsistenz.
- Lassen Sie sich von Rückschlägen nicht aus der Bahn werfen. Akzeptieren Sie, dass sie passieren werden. Sie haben nicht am so wichtigen Projekt gearbeitet, sondern stattdessen lieber Netflix geschaut? Sie haben während Ihrer Diät eine große Portion Pommes mit Mayo gegessen? Oder Sie haben sich beim Schreiben Ihres Buchs von dem leeren Blatt Papier einschüchtern lassen und sich mit einer belanglosen Tätigkeit abgelenkt? Alles kein Problem. Solange es nur eine Ausnahme war und Sie am nächsten Tag wieder von vorne beginnen.

Falls all das nicht klappen sollte (was sehr unwahrscheinlich ist), dann möchte ich Ihnen noch einen kleinen, aber wirkungsvollen Bonustipp geben: Erinnern Sie sich daran, warum Sie angefangen haben. Warum wollten Sie sich selbstständig machen? Warum wollten Sie zehn Kilogramm abspecken? Warum wollten Sie finanziell frei sein? Wenn die Antworten weder Leidenschaft noch Commitment in Ihnen auslösen oder wenn es keinen wichtigen Grund gibt, warum Sie ein Ziel erreichen wollen, dann ist die Wahrscheinlichkeit hoch, dass Sie dabei sind, Ihre Zeit zu verschwenden, und sich anderen Projekten zuwenden sollten. Wenn etwas jedoch wirklich wichtig und bedeutsam für Sie ist, dann führen die Erinnerung und die Wertschätzung der entsprechenden Emotionen dazu, dass Sie Ihr Krokodilhirn in die Schranken weisen.

In gewisser Weise ist der Widerstand mit Angst zu vergleichen. Beide Zustände können Sie entweder paralysieren oder Ihr größter Verbündeter sein. Sobald Sie akzeptiert haben, dass Ihr Krokodilhirn immer dann in den Vordergrund tritt, wenn Sie dabei sind, neue Wege zu gehen, Ihrer Berufung zu folgen und notwendige Veränderungen zu initiieren, können Sie entsprechend darauf reagieren. Mehr noch: Diese Momente sind ein wundervoller Kompass, dass Sie im Begriff sind, etwas wirklich Bedeutungsvolles zu tun. Umarmen Sie diese Augenblicke, denn Sie sorgen dafür, dass Sie Ihrem persönlichen New York im Leben einen weiteren Schritt näherkommen können, und zwar mit der für das «UnChange-Mindset» typischen Leichtigkeit. Allerdings nur dann, wenn Sie den Erfolg nicht als Antrieb Ihres Seins definieren, sondern als Ergebnis, das sich entweder als Resultat des Prozesses einstellt. Oder eben auch nicht.

Ich möchte Sie daher gern für die Idee gewinnen, als Change-Rebell den Weg des größten Widerstands zu gehen. So viele Situationen wie möglich zu erschaffen, in denen Ihr Krokodilhirn versucht, Sie abzulenken, Ihnen einzureden, dass Sie sich blamieren könnten, oder Sie auf verschiedenste Arten und Weisen sabotiert, denn dies sind die Momente, in denen Sie leben. Im wahrsten Sinne des Wortes. Ihre äußeren Taten sind nämlich in genau diesen Momenten mit Ihren inneren Bedürfnissen, Träumen und Werten im Einklang. Fangen Sie noch heute an, das Buch zu schreiben, von dem Sie schon so lange träumen. Gründen Sie Ihr eigenes Unternehmen. Reisen Sie um die Welt. Engagieren Sie sich für eine wohltätige Organisation. Machen Sie Karriere. Trauen Sie sich, der Mensch zu sein, der Sie wirklich sind, und tun Sie möglichst viel von dem, was Sie erfüllt. Wenn Sie jetzt gerade denken: «Alles klar, Ilja. Sobald ich das Buch fertiggelesen habe, fange ich an», dann können Sie sicher sein, dass der Widerstand bereits damit begonnen hat, Ihnen dieses Vorhaben wieder auszureden, denn wie bringt es Marcus Wiebusch – der Sänger der Band Kettcar – im Song *Benzin und Kartoffelchips* so wunderbar auf den Punkt: «Irgendwann ist nur ein anderes Wort für nie.»

Da ist eine Menge dran, oder? Ein altes Sprichwort sagt: «Der beste Zeitpunkt, einen Baum zu pflanzen, war vor 20 Jahren. Der zweitbeste ist heute.» Egal ob Sie Ihr persönliches New York im Leben schon genau beschreiben können, ob es nur ein vages Gefühl ist oder ob Sie wie ich damals nur eine ungefähre Idee haben, die sich dann im Laufe der Jahre immer mehr konkretisiert. Legen Sie das Buch am besten für ein paar Minuten zur Seite und machen Sie den ersten Schritt auf einem Weg, der zwar eine Menge Hindernisse, Rückschläge und Prüfungen für Sie bereithalten wird, gleichsam aber auch von Sinnhaftigkeit, Erfüllung und Bedeutung geprägt sein wird. Wir alle stehen irgendwann an einer Weggabelung, an der wir uns entscheiden müssen, welche Abzweigung wir wählen. Da ist auf der einen Seite der beschwerliche Weg. Der Weg, auf dem Sie sich jeden einzelnen Tag mit dem unbewussten Widerstand des Krokodilhirns auseinandersetzen müssen. Dieser mag häufig beschwerlich sein, aber er führt Sie in ein bedeutungsvolles Leben, das diesen Namen auch wirklich verdient hat. Oder Sie wählen den leichten Pfad. Den Weg des geringsten Widerstands, auf dem Sie Ihre Träume zurück in die Schublade legen, sich mit trivialen Dingen ablenken und sich immer wieder fragen, warum Sie eine tiefe Unzufriedenheit verspüren, die einfach nicht verschwinden will. Ich habe meine Entscheidung vor vielen Jahren an einer Ampel in New York getroffen und es würde mein Herz mit großer Freude erfüllen, wenn dieses Buch und insbesondere dieses Kapitel der entscheidende Impuls dafür wäre, dass Sie Ihre Wahl ebenfalls treffen.

LEBEN IST EIN VERB

Ich liebe es, mit meiner Tochter Emma gemeinsam YouTube-Videos anzuschauen. Da wir immer abwechselnd die Inhalte auswählen, erweitern wir uns auf diese Weise gegenseitig den Horizont, und weil ich nun mal zur Generation Old School gehöre, versuche ich, sie immer mal wieder mit Content in Kontakt zu bringen, der mich in ihrem Alter geprägt und beeinflusst hat. So kam es, dass wir uns neulich ein Musikvideo von Baz Luhrmann mit dem Titel *Everybody's Free to Wear Sunscreen* angeschaut haben. Es hat über 21 Millionen Aufrufe und der Text stammt von Mary Schmich, die im Jahr 1997 eine Abschlussrede für die hypothetische Abschlussklasse einer Universität als Kolumne in der Chicago Tribune veröffentlichte.[37] Das Video ist wirklich sehr emotional und als wir mit dem Anschauen fertig waren, mussten wir uns beide die ein oder andere Träne aus dem Gesicht wischen. Denn obwohl die einzelnen Ratschläge sehr verschieden waren, drehte sich doch alles um ein zentrales Thema: die Beziehungen zu anderen Menschen und den bewussten Umgang mit der knappen Ressource Zeit. Denn Leben ist ein Verb. Ein Tuwort. Es geschieht nicht einfach so zufällig, sondern ist immer der Spiegel unserer Gedanken, Entscheidungen und Verhaltensweisen.

Betrachten Sie diese Zeilen daher als Anstiftung, Ihr Leben so intensiv wie möglich zu leben. Lösen Sie die Handbremse und treten Sie das Gaspedal durch. Unsere Zeit auf dieser Erde ist uns nur geschenkt und kann oftmals schneller vorbei sein, als wir uns das vorstellen können. Kennen Sie auch nur einen Menschen, dessen letzter Gedanke kurz vor seinem Tod war: «Ich wünschte, ich hätte mehr Zeit im Büro verbracht»? Natürlich nicht. Denn theoretisch wissen wir doch alle, worauf es wirklich ankommt, was uns erfüllt und was uns glücklich macht. Trotzdem sieht das typische Leben der breiten Masse mehr oder weniger immer gleich aus. Man gibt sich der Philosophie des «Schneller-Höher-Weiter» hin und versucht, immer mehr zu erreichen. Mehr Macht. Mehr Geld. Mehr Luxus. Mehr Zeugs und Kram. Während ich diesen Gedanken zu Papier bringe, muss ich unweigerlich an das Zitat von Brad Pitt denken, der es im Film *Fight Club* auf den Punkt brachte: «Wir kaufen uns Dinge, die wir nicht brauchen, mit dem Geld, das wir nicht haben, um Menschen zu beeindrucken, die wir nicht mögen.» Würden Sie mir zustimmen, dass da eine Menge dran ist? Denn wie viel ist wirklich genug? Wie viel benötigen wir wirklich, um glücklich zu sein? Es fasziniert mich immer wieder, wie viele Menschen so fokussiert darauf sind, was ihnen vermeintlich fehlt, dass sie dabei vergessen, für all das dankbar zu sein, was sie bereits haben. Was ich damit meine? Die Menschen in unserem Leben. Die Arbeit, die wir tun dürfen. Der Sonnenaufgang am Morgen. Dass wir ein Dach über unserem Kopf und immer einen gefüllten Kühlschrank haben. Hinzu kommen natürlich die unzähligen Kleinigkeiten des Alltags, die wir viel zu häufig als selbstverständlich hinnehmen.

Wahre Zufriedenheit wird allerdings erst dann in Ihrem Leben Einzug halten, wenn Sie den Mangelgedanken durch Fülle ersetzen. Wenn Sie bestimmte Eigenschaften radikal verbannen: Oberflächlichkeit. Getriebenheit. Neid. Perfektion. Egoismus. Rastlosigkeit. Gleichgültigkeit. Gleichzeitig müssen andere an deren Platz treten: Achtsamkeit. Wertschätzung. Sinn. Tiefe. Verantwortung. Bewusstheit und natürlich Dankbarkeit. Fällt Ihnen auf, was all diese Eigenschaften gemeinsam haben? Richtig: Es sind aktive Tätigkeiten, die nicht zufällig passieren, sondern aktiv von Ihnen ausgehen müssen. Mit dieser großen Idee möchte ich das Kapitel gern abschließen. Sollten Sie darauf hoffen, dass Ihr Job, Ihr Auto, Ihr Haus, Ihre Uhr, der Titel auf Ihrer Visitenkarte oder sonstige externe Faktoren Ihrem Leben Bedeutung geben würden, dann sind Sie auf dem Holzweg.

Dies ist das klassische «Wenn-dann-Denken» des Widerstands: Wenn ich erst einmal befördert bin, dann kann ich zufrieden sein. Wenn ich erst einmal einen Lebenspartner habe, dann kann ich glücklich sein. Wenn ich erst einmal genug Geld habe, dann kann ich Erfüllung verspüren. Allerdings ist es genau anders herum. Egal worum es sich handelt. Sei es Ihr Job, Ihre Beziehungen oder Ihre generelle Lebenssituation, die wirklich großen Aufgaben oder vermeintlich unwichtige Tätigkeiten. Die Bedeutung kommt niemals aus diesen Bereichen. Sie müssen sie hineingeben, und zwar aktiv.

Ein guter Ausgangspunkt ist die Frage: Was bedeutet Erfolg für mich? Oder alternativ: Was ist Ihr persönliches New York im Leben? Ganz unabhängig von den Botschaften der Medien, der Werbung und der Gesellschaft. Wenn Sie radikal ehrlich zu sich sind, dann liegt die Antwort mehr oder weniger auf einem Silbertablett für Sie bereit. Alles, was es dann noch zu tun gibt, ist, sich auf den Weg zu machen. Das Leben mit Haut und Haaren zu genießen und die kurze Zeit hier auf Erden mit maximaler Bedeutung zu füllen. Wenn Sie mich fragen, ist dies das beste Statussymbol, das man sich überhaupt vorstellen kann. Keine Rolex, kein Porsche und kein anderer externer Faktor werden Ihnen jemals eine auch nur annähernde Zufriedenheit bringen wie die Entscheidung, ein Leben zu führen, in dem Ihre inneren Werte, Bedürfnisse und Träume in jeder einzelnen Sekunde im Einklang mit Ihren Taten sind. Oder um es mit dem Refrain des *Grizzly Lieds* von Casper zu sagen: «Der Sinn des Lebens ist Leben. Das wars.» Dem ist nichts hinzuzufügen.

MINDSET-MEMO

DIE 5 WICHTIGSTEN IDEEN DES KAPITELS

1 Sobald Sie Ihr persönliches New York im Leben gefunden haben, müssen Sie sich über nachhaltige Motivation und die Lust an der Umsetzung keine Gedanken mehr machen.

2 Ohne «Bedeutung» werden Sie niemals nachhaltig glücklich und zufrieden sein.

3 In Situationen, in denen Ihre Sicherheit bedroht, Ihr sozialer Status in Gefahr ist, Ihre Identität angegriffen wird, wenn es um Geld, Sex, Macht oder Essen geht, laufen Sie Gefahr, dass Ihr Krokodilhirn die Kontrolle übernimmt und der dadurch ausgelöste Widerstand dafür sorgt, dass Sie beginnen, sich selbst zu sabotieren.

4 Tun Sie das, was Sie erfüllt. So oft wie möglich.

5 Leben ist ein Verb. Ein Tuwort. Es geschieht nicht einfach so zufällig, sondern ist immer der Spiegel unserer Gedanken, Entscheidungen und Verhaltensweisen.

KAPITEL 5

SEHNSUCHT – VERLIEBT IN DAS UNBEKANNTE

Ich wollte schon immer ein Vater sein. Nichts erfüllt mich so sehr mit Stolz, Erfüllung und Glück, wie meine beiden Töchter Emma und Elisabeth dabei zu beobachten, ihren Platz im Leben zu finden. Auch wenn ich mein Bestes gebe, Ihnen die Wichtigkeit von Werten zu vermitteln, sie mit dem notwendigen Wissen zu versorgen und vor allem mit meinem täglichen Verhalten ein Vorbild zu sein, so sind sie doch beide viel größere Lehrmeisterinnen für mich als andersherum. Weil sie mich permanent daran erinnern, wie wichtig es ist, sich niemals an der Vergangenheit festzuklammern, sondern sich immer wieder zu hinterfragen. Weil sie mir neue Perspektiven zu Themen wie Klimaneutralität, Nachhaltigkeit oder der Wichtigkeit von Inklusion und Diversity eröffnen. Sie zeigen mir jeden einzelnen Tag aufs Neue, mit wie viel Leichtigkeit Veränderungen gelingen können.

Mit ansteckender Neugierde probieren sie die unterschiedlichsten Dinge aus. Testen ihre eigenen Grenzen. Verlassen ihre Komfortzone. Wenn sie dabei mit den unweigerlich auftretenden Misserfolgen konfrontiert werden, dann lamentieren sie nicht etwa, sondern probieren es direkt auf eine andere Art und Weise. Doch nicht nur Emma und Elisabeth sind wahre Meisterinnen, wenn es um den Umgang mit jeglicher Art von Veränderung geht, sondern alle Kinder. Finden Sie es nicht auch faszinierend, mit wie viel Freude sich junge Menschen auf neue Erfahrungen stürzen und sich vom Unbekannten fast schon magisch angezogen fühlen? Von Kindern würden Sie niemals Sätze wie «*Das haben wir ja noch nie so gemacht*», «*Das klappt niemals*» oder «*Ich versuche es lieber nicht, es könnte ja schiefgehen*» hören. Stattdessen passen sie sich wie menschliche Chamäleons an so ziemlich jede neue Situation an, lassen sich von ihrer Fantasie und Kreativität leiten und lernen nahezu jede Sportart, jedes Musikinstrument oder sogar neue Sprachen innerhalb weniger Wochen.

Leider werden die meisten Kinder spätestens im Teenager-alter von den unterschiedlichsten Bezugspersonen immer wieder mit den gleichen Botschaften bombardiert: «*Pass Dich an*», «*Du musst endlich vernünftig werden*», «*Schluss mit der ewigen Träumerei*» oder «*Jetzt beginnt der Ernst des Lebens*» sind nur einige davon. Ehe man sich versieht, geht die ehemals im Überfluss vorhandene Leichtigkeit verloren und wird von vermeintlicher Vernunft, Skepsis und dem krampfhaften Festhalten am Status quo ersetzt. Ohne dass man es jemals wollte, ist man zu einem angepassten, mittelmäßigen und vor allem funktionierenden Mitglied der Gesellschaft geworden, dem jegliche Form von Spaß, Freude oder Zufriedenheit abhandengekommen ist. Ich weiß nicht, wie es Ihnen geht, aber ich finde das tragisch.

Doch zum Glück muss es gar nicht erst so weit kommen. Wenn Sie den Erfolgsfaktor «Sehnsucht» kultivieren und sich jeden einzelnen Tag aufs Neue mit Haut und Haaren in das Un-bekannte verlieben. Wenn Sie die Schmetterlinge im Bauch ge-nießen, wenn Sie an die Möglichkeiten der Zukunft denken. Wenn Sie aufhören, auf der bequemen Couch sitzend darauf zu hoffen, dass sich Ihre Situation schon irgendwie verbessern wird, sondern stattdessen aktiv werden. Wenn Sie raus ins Leben gehen und beginnen, Ihre Ziele und Träume voller Leidenschaft zu verfolgen. Woody Allen hat einmal treffend festgestellt, das 80 Prozent des Erfolgs darin besteht, einfach nur aufzutauchen. Tauchen Sie daher so oft auf wie möglich. Je mehr Sie Ihrer Sehnsucht nach neuen Eindrücken, Erfahrungen und Reizen in Ihrem Leben nachgeben, desto größer die Wahrscheinlichkeit, dass Sie außergewöhnliche Dinge erreichen werden.

Stellen Sie sich nur vor, was passiert wäre, wenn Menschen wie Marco Polo, Roald Amundsen oder Christoph Kolumbus nicht ihrem Entdeckergeist gefolgt wären, sondern im sicheren Hafen darauf gewartet hätten, dass man ihnen eine Garantie gibt, dass sie ihre Ziele auf jeden Fall erreichen würden. Sie wären niemals in China, am Südpol oder in Amerika angekommen. Das Gleiche gilt für die Erfindung der Glühbirne, des Buchdrucks oder des iPhones, welche allesamt die Welt verändert haben. Weil Thomas Edison, Johannes Gutenberg und Steve Jobs die Sehnsucht nach Innovation, nach neuen Wegen und dem permanenten Hinterfragen der bestehenden Konventionen teilten und sich dann nicht etwa auf ihren Lorbeeren ausruhten, sondern sich die Bereitschaft bewahrten, die eigenen Errungenschaften immer wieder zu hinterfragen.

Die Sehnsucht nach neuen Horizonten als Erfolgsfaktor des «UnChange-Mindsets» ist daher so essenziell, weil das Außergewöhnliche von heute das Gute von morgen und das Mittelmäßige von übermorgen ist. Ich weiß noch genau, wie ich im Jahr 2008 dachte, mit dem iPhone 3G ein so geniales Produkt in den Händen zu halten, dass die Krone der Technikschöpfung erreicht wäre. Wie man sich doch irren kann, denn wenn ich es mit dem aktuellen Modell, dem iPhone 14 Pro, vergleiche, dann wirkt es auf mich wie ein Smartphone aus der Steinzeit. Mit uns Menschen verhält es sich ähnlich, denn wir sind diesbezüglich wie Pflanzen. Wenn wir nicht wachsen können, dann bleiben wir nicht etwa auf der aktuellen Entwicklungsstufe stehen, sondern wir gehen ein. Natürlich nicht von heute auf morgen, sondern schleichend. Dieser Prozess ist natürlich um ein Vielfaches heimtückischer.

Es ist wie in der berühmten Parabel vom Frosch. Versucht man, diesen in einen Topf mit kochendem Wasser zu setzen, dann springt er sofort wieder heraus. Setzt man ihn hingegen in kaltes Wasser und erhitzt dieses nur schrittweise, so bemerkt er die Erhöhung der Temperatur nicht. Bis es irgendwann zu spät ist. Auch wenn es sich bei dieser Metapher um einen Mythos handelt, so sehr trifft die dahinterstehende Aussage doch die Wirklichkeit vieler Menschen. Wenn Sie sich nicht regelmäßig neuen Reizen, herausfordernden Erfahrungen und unbekannten Situationen aussetzen, dann wird Ihre persönliche Komfortzone im Laufe der Zeit immer gemütlicher und Tristesse, Mittelmaß und Beliebigkeit breiten sich aus.

Ich möchte Sie in diesem Kapitel gern dazu anstiften, es gar nicht erst so weit kommen zu lassen. Ihren inneren Entdeckergeist nicht nur zu akzeptieren, sondern hemmungslos auszuleben. Sich in das Unbekannte zu verlieben und auf Wolke sieben in Richtung Ihrer Ziele und Träume zu schweben. Sich die kindliche Leichtigkeit zu bewahren, die in Ihnen schlummert und nur darauf wartet, von Ihnen an die Oberfläche geholt zu werden. Sich von der Sehnsucht nach fernen Horizonten antreiben zu lassen. Die Segel zu setzen und sich auf zu neuen Ufern zu machen. Immerhin beginnt alles mit einer großen Idee.

UMARMEN SIE DIE UNSICHERHEIT

Wissen Sie, was den Begriff «Sehnsucht» so einzigartig macht? Er lässt sich nicht in andere Sprachen übersetzen, ohne dass etwas von der eigentlichen Bedeutung verloren gehen würde. Gemeint ist damit nämlich ein ungestilltes, inniges und schmerzvolles Verlangen nach Personen, Dingen oder Zuständen. Sehnsucht ist daher immer auch ein Ausdruck einer grundsätzlichen Unzufriedenheit mit dem Status quo. Könnte es einen schöneren Antrieb für neue Wege geben? Wenn da nur nicht die Unsicherheit wäre. Leider gibt es niemals eine Garantie, dass ein geplanter *Change* auch wirklich zu den erhofften Ergebnissen führt. So kommt es, dass viele Menschen zwar unzufrieden sind, es sich aber lieber im bekannten und gewohnten Mittelmaß bequem machen, anstatt den ersten Schritt in unbekanntes Terrain zu wagen. Eine sich selbstverstärkende Negativspirale beginnt, sich immer schneller zu drehen, aus der es nur schwer ein Entkommen gibt.

Superstar David Bowie hat das in einem Interview für das *Forbes Magazine* vor vielen Jahren wie folgt beschrieben[38]: «Von der Psychotherapeutin Virginia Satir stammt das Zitat, dass die meisten Menschen die Sicherheit des Elends dem Elend der Unsicherheit vorziehen. Lassen Sie das für einen Moment sacken. Die Mehrheit der Menschheit würde lieber leiden, anstatt die Zukunft aktiv zu gestalten – eine Zukunft, die so viel schöner und besser als die Gegenwart sein könnte.» Wie viel Wahrheit doch in dieser Aussage steckt. Doch warum fällt Veränderung den meisten Menschen so ungeheuer schwer? Die Fachliteratur ist sich weitgehend einig, dass der Grund eine Kombination aus Zweifeln, Sorgen und paralysierender Angst vor dem Unbekannten ist. Ich würde wetten, dass Sie mindestens eine Person in Ihrem Umfeld kennen, die mit ihrer aktuellen Situation total unglücklich ist, aber trotzdem nichts verändert, habe ich recht? Woran diese Form der Selbstsabotage liegt, wissen wir mittlerweile. Das Krokodilhirn hat die Kontrolle übernommen und boykottiert jegliche Versuche, etwas anderes auszuprobieren. Denn wer weiß, vielleicht kommt es ja noch schlimmer, als es schon ist. Auf diese Weise arrangiert man sich mit dem Unglück in der Gegenwart, weil einen die Angst vor der unsicheren Zukunft wie das Kaninchen vor der Schlange erstarren lässt.

So weit, so gut. Aber entspricht das wirklich der Wahrheit? Auf den zweiten Blick ergibt sich ein anderes Bild, denn die eigentliche Ursache für die Angst ist gar nicht so sehr das Unbekannte. Vielmehr ist es das mögliche Ende des Bekannten. Der Großteil geplanter Veränderungen scheitert selten daran, dass Menschen nicht bereit wären, neue Ideen auszuprobieren. Es liegt eher an der Angst davor, die alten, die bewährten und die gewohnten Wege loszulassen. Wenn wir diesen Gedanken auf unsere bisherigen Überlegungen anwenden, dann ergibt sich daraus eine große Idee.

Sie haben niemals Angst vor dem Unbekannten.
Sie haben Angst davor, dass etwas Bekanntes zu
Ende geht.

Genau aus diesem Grund haben ältere Menschen tendenziell auch größere Schwierigkeiten im Umgang mit Veränderungen als ihre jungeren Zeitgenossen. Weil sie im Laufe der Zeit eine Unmenge an Wissen, Fähigkeiten, Erfolgen, Macht, Status und physischen Besitz angehäuft haben. Zu all diesen Dingen haben sie eine so starke emotionale Verbindung aufgebaut, dass sie beim bloßen Gedanken an ein Ende eine tiefsitzende Angst verspüren. Bei jungen Menschen ist das komplett anders. Mit Anfang 20 ein Unternehmen gründen, um die Welt reisen oder regelmäßig den Job wechseln? Da man nichts zu verlieren hat, stürzt man sich voller Leidenschaft in die verschiedensten Abenteuer, bei denen man nur gewinnen kann. Aber wie sieht es mit 40, 50 oder vielleicht sogar 60 Jahren aus? Ab einem gewissen Alter sieht man auf einmal nicht mehr die vielen Möglichkeiten, sondern malt sich in den buntesten Farben aus, was alles schiefgehen könnte. Denn man will ja seinen Lebensstandard halten, das Eigenheim ist auch noch nicht abbezahlt und man müsste in ganz vielen Bereichen noch einmal komplett von vorne beginnen. Abgeleitet aus diesen Überlegungen folgt daraus die folgende Erkenntnis:

Nicht das Unbekannte ist der Feind der Veränderung,

sondern das Bekannte.

Um dieses Statement in seiner vollen Gänze zu verstehen, wollen wir die Überlegungen aus dem letzten Kapitel nutzen. Ihr Krokodilhirn hat nämlich eine panische Angst davor, dass der Status quo erschüttert werden könnte, und tut deshalb alles dafür, um dieses potenzielle Szenario mit aller Macht zu verhindern. Auch wenn Sie es rational besser wissen, schlummert tief in Ihnen eine Angst, dass es mit Ihrer Gesundheit zu Ende gehen könnte und diese nie mehr zurückkehren könnte. Dass Sie Ihren Job verlieren könnten. Dass Ihr Unternehmen pleitegehen könnte. Dass Ihr Partner Sie verlassen könnte. Dass die Welt, wie Sie sie kennen, in der Zukunft auf anderen Regeln, Werten und Prinzipien basieren könnte. Beachten Sie bei all diesen Formulierungen bitte die Verwendung des Konjunktivs, denn all diese Schreckensszenarien spielen sich ja ausschließlich mental im Kopf ab. Trotzdem führen sie dazu, dass ein Großteil der Menschen aus Angst vor einem möglichen Ende des Bekannten so fest und krampfhaft am Status quo festhält, dass die Hände bereits beginnen zu schmerzen. Alles nur, um es so bequem und gemütlich wie möglich zu haben und jegliche Form der Unsicherheit zu vermeiden.

Wie entkommen Sie also diesem Dilemma? Dies geschieht in zwei Schritten. Der erste klingt einfacher, als er tatsächlich ist. Ich spreche nämlich von der Akzeptanz, dass Dinge nun mal zu Ende gehen. Ob wir es wollen oder nicht, alles, was einen Anfang hat, endet irgendwann auch. Das nennt sich Leben und gehört einfach dazu. Viel wichtiger ist, wie Sie damit umgehen. Die wohl beste Anleitung diesbezüglich stammt von Hermann Hesse, der es in seinem Gedicht *Stufen* so wunderschön auf den Punkt gebracht hat: «Und jedem Anfang wohnt ein Zauber inne, der uns beschützt und der uns hilft zu leben.»

Finden Sie nicht auch, dass in diesem Satz eine wunderbare Kombination aus mutmachender Hoffnung und einer beruhigenden Kraft steckt? Dieser *Mindset-Shift* allein kann schon wundersame Dinge auslösen, denn er wirkt wie eine Art Mutterboden für die zarte Pflanze namens «Veränderung». Diese wächst dann am besten, wenn Sie sich von der Sehnsucht antreiben lassen und damit beginnen, die Unsicherheit zu umarmen, sich mit einer großen Portion Herzblut auf die kleinen und großen Neuanfänge des Lebens einzulassen. Auf diese Art und Weise können Sie aus einer vermeintlichen Schwäche eine große Stärke machen.

Eine geniale Technik, um das zu trainieren, stammt von der Ultramarathonläuferin Courtney Dauwalter, ihres Zeichens Rekordhalterin des *Moab 240* in Utah.[39] Hierbei handelt es sich um ein Rennen, das über 240 Meilen (386 Kilometer) durch die steilen Trails der Rocky Mountains führt und bei dem die Temperaturen zwischen 36 Grad am Tag und -10 Grad in der Nacht schwanken können. Der durchschnittliche Läufer benötigt für die Strecke 90 Stunden und die Teilnehmer leiden regelmäßig unter heftigem Sonnenbrand, intensiven Schmerzen, körperlicher und mentaler Erschöpfung und teilweise sogar Halluzinationen. Doch als Dauwalter das Rennen im Jahr 2017 gewann, sah es von außen aus wie ein lockerer Dauerlauf, den sie fast mühelos absolvierte. Nicht nur gewann sie mit zehn Stunden Vorsprung, sondern brach auch noch den Streckenrekord. Ihr Geheimnis? Ein kleiner, aber entscheidender Trick: Sie lässt sich von einer unstillbaren Sehnsucht nach den Momenten antreiben, in denen sie extreme Schmerzen verspürt, an einem mentalen Tiefpunkt angelangt ist und ihr ganzer Körper ihr im Sekundentakt nur eine einzige Botschaft zuruft: «Wenn Du jetzt aufgibst, ist alles sofort vorbei!» Von diesen Situationen lässt sich Courtney Dauwalter nicht etwa herunterziehen, sondern sie umarmt die Schmerzen, die Zweifel und die Tiefpunkte. Im Anschluss transformiert sie sie dann in den größten Motivator, den man sich vorstellen kann.

Um das zu erreichen, nutzt sie eine besondere Mentaltechnik. Wann immer es während eines Rennens richtig hart wird, visualisiert sie sich in eine Höhle, in der sie mit Helm und Spitzhacke bewaffnet versucht, die steinigen Wände zu durchbrechen. Diese symbolisieren in ihrer Vorstellung die Schmerzen, die Zweifel und den unbändigen Drang, am liebsten sofort aufzugeben. Zentimeter für Zentimeter attackiert sie diese negativen Gedanken mit der imaginären Hacke und erschafft sich auf diese Weise Platz für Wachstum. Während die Schmerzen langsam immer mehr in den Hintergrund treten, wird die Höhle in ihrer Vorstellung immer größer. Durch eine kleine mentale Übung wird etwas, was die meisten Menschen mit aller Macht zu verhindern versuchen, zu einer einmaligen Gelegenheit, um die eigenen Grenzen zu überwinden und als Persönlichkeit zu wachsen. Je mehr Sie die Unsicherheit umarmen und ganz bewusst in Situationen gehen, die außerhalb Ihrer Komfortzone liegen, desto mehr werden Sie als Persönlichkeit wachsen und desto leichter wird Ihnen der Umgang mit den unterschiedlichsten Veränderungen des Lebens fallen.

Die Wissenschaft bestätigt dies übrigens, wie eine aktuelle Studie von Woolley und Fishbach belegt.[40] Während einer Weiterbildung im renommierten Chicagoer Comedy Club *Second City* instruierten die Forscherinnen eine Gruppe von Improvisationsschülerinnen, jegliche Form von Unsicherheit, Zweifel oder Unbehagen als Zeichen von Fortschritt zu interpretieren, wodurch sie 44 Prozent länger durchhielten als die Kontrollgruppe. Ebenfalls wurden sie von externen Beobachtern als mutige, risikofreudige Entscheiderinnen wahrgenommen. In vier weiteren Experimenten kamen sie zu dem Schluss, dass ein bewusstes Reframing von Unsicherheit in persönliches Wachstum eine der wichtigsten mentalen Techniken ist, um mit Veränderungen umzugehen. Weil man sich auf diese Weise des Glaubenssatzes entledigt, dass Unsicherheit ein Trigger zum Aufgeben sei, und gleichzeitig die Überzeugung aufbaut, dass sie das perfekte Signal ist, um weiterzumachen, wichtige Mauern zu durchbrechen und persönliches Wachstum zu ermöglichen.

Es lohnt sich, das Reframing so oft es geht zu trainieren, denn jeden einzelnen Tag betreten Sie unzählige Male Ihre ganz persönlichen Mini-Höhlen. Sei es in einem schwierigen Konflikt, während eines wichtigen Projekts oder einer geplanten Veränderung. Seien Sie sich bewusst, dass an diesen vermeintlich dunklen Orten Ihre entscheidenden Fähigkeiten, Ihr wichtigstes Wissen und Ihre kraftvollsten Ressourcen schlummern. Also all das, was Sie benötigen, um als Mensch zu wachsen. Sobald Sie es geschafft haben, diese Alltagshöhlen nicht länger als etwas Negatives zu betrachten, sondern als großartige Möglichkeiten, Ihre Grenzen zu sprengen, geschehen die wundervollsten Dinge:

- Die Schmerzen von harten Workouts führen zu Fitness und Gesundheit.
- Die Angst zu besiegen, führt zu Mut.
- Scheitern im Business führt zu Weisheit.
- Finanzielle Sorgen führen zu innovativen Ideen und neuen Produkten.
- Offen die eigene Verletzlichkeit zu zeigen, führt zu Selbstbewusstsein.
- Sich harten Konflikten zu stellen, führt zu Vertrauen und Respekt.

Umarmen Sie daher die Unsicherheit. Freuen Sie sich auf Neuanfänge. Und erweitern Sie so oft es geht Ihre ganz persönliche Komfortzone. Ihre Ziele und Träume werden es Ihnen danken.

JENSEITS DER KOMFORTZONE

Was genau geschieht eigentlich, sobald Sie der Sehnsucht nach Veränderung nachgeben und es wagen, die Unsicherheit zu umarmen? Nach und nach bewegen Sie sich durch einen Prozess, der Sie durch vier verschiedene Zonen führt und Sie am Ende mit persönlichem Wachstum reich beschenkt. Die folgende Abbildung des *4-Phasen-Change-Modells* gibt einen Überblick.

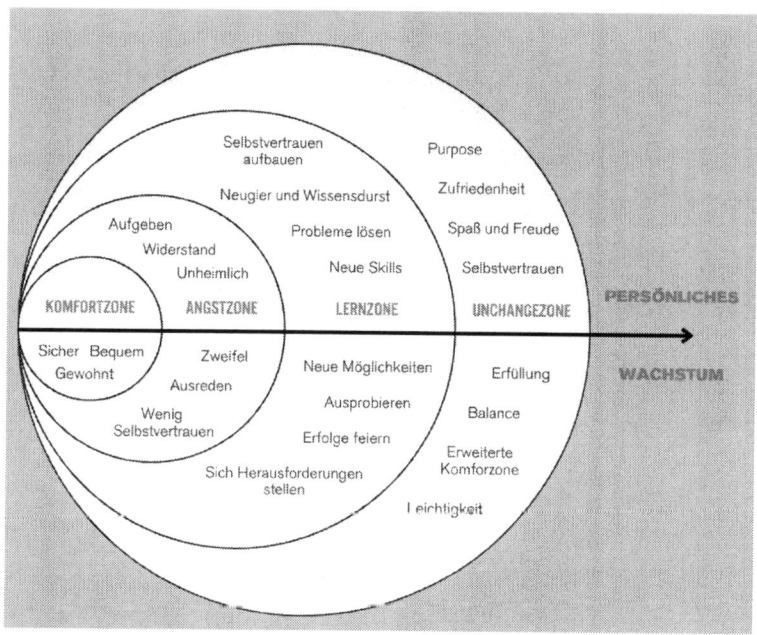

PHASE 1: DIE KOMFORTZONE

Diese Zone kennen wir alle. Hier ist alles bekannt, gewohnt und vor allem sehr bequem. Sie tun das, was Sie immer tun, vermeiden jegliche Risiken und haben zu jeder Zeit alles im Griff. Routinen und Standardabläufe prägen den Alltag und die meisten Verhaltensweisen laufen auf Autopilotmodus. Durch die Abwesenheit jeglicher Herausforderungen ergibt sich jedoch ein großes Problem: In der Komfortzone findet so gut wie kein Wachstum statt, da Sie ausschließlich auf bekannte und bewährte Methoden zurückgreifen. Das Leben in der Komfortzone ist zwar nicht besonders aufregend, dafür wird der Mangel an Abwechslung durch einen ausgeprägten Wohlfühlfaktor ausgeglichen. Kurzfristig ist daran auch überhaupt nichts auszusetzen, aber wenn Sie nicht einfach nur funktionieren und beliebig vor sich hinleben wollen, dann müssen Sie nun mal langfristig wachsen. Schon allein, weil Wachstum ein menschliches Grundbedürfnis und gleichsam die Grundlage für ein von Sinn, Zufriedenheit und Erfüllung geprägtes Leben ist. Hier kommt eine weitere große Idee, von der ich mir wünschen würde, dass Sie sie nie wieder vergessen würden:

Ihre Lebensqualität hängt von dem Ausmaß an Wachstum ab, mit dem Sie dauerhaft komfortabel leben können.

Wahres Leben beginnt immer außerhalb Ihrer Komfortzone. Sobald Sie es wagen, Ihre Grenzen zu überwinden, neue Horizonte anzusteuern und die Segel für eine stürmische Reise zu setzen. Doch bevor Sie die Früchte dieses mutigen Schritts ernten können, wartet leider noch eine Zone auf Sie, an der die meisten Menschen scheitern.

PHASE 2: DIE ANGSTZONE

Jenseits der Komfortzone lauert das Unbekannte auf Sie. Die Angstzone beginnt und das Krokodilhirn versucht, Sie mit aller Macht zur Umkehr zu bewegen. Dadurch, dass Sie auf einmal neuen und noch nie erlebten Situationen ausgeliefert sind, beginnen Sie zu zweifeln, nach Ausreden zu suchen und würden am liebsten sofort wieder aufgeben. Kein Wunder, denn so vieles kann schiefgehen, wird nicht beim ersten Mal klappen und eine hartnäckige innere Stimme wird Sie permanent daran erinnern, wie wenig Selbstvertrauen Sie in dieser Zone doch haben. Nicht selten werden Sie sich überfordert fühlen, weil so viele neue Eindrücke auf Sie einprasseln. Ihre wichtigste Aufgabe ist es daher, den Versuchungen des vom Krokodilhirn ausgelösten Widerstands zu widerstehen und stattdessen bewusst den Weg der kleinen Schritte zu gehen. Die Unsicherheit zu umarmen, in persönliches Wachstum zu transformieren und dies so häufig zu wiederholen, bis sich die ersten Erfolgserlebnisse einstellen.

PHASE 3: DIE LERNZONE

Sobald dies geschieht, befinden Sie sich in der Lernzone. Auch hier sind die meisten Dinge noch neu, während die alten Regeln nicht mehr gelten. Allerdings ist Ihre Neugierde bereits so weit ausgeprägt, dass Ihre Problemlösungskompetenz sukzessive ansteigt, was wiederum eine Steigerung Ihres Selbstvertrauens bewirkt. Durch die Summe der vielen kleinen Erfolgserlebnisse haben Sie eine sich selbstverstärkende Positivspirale in Gang gesetzt, die Sie in die Lage versetzt, sich neues Wissen, neue Skills und neue Fähigkeiten anzueignen. Wie von selbst scheinen plötzlich neue Chancen und Möglichkeiten aufzutauchen, die Ihnen weitere Gelegenheiten eröffnen, die frisch erworbenen Eigenschaften direkt auszuprobieren. Natürlich klappt in der Lernzone nicht immer alles sofort und Sie müssen die meisten Schritte sehr bewusst gehen, aber je häufiger Sie sich den Herausforderungen stellen, desto eher schaffen Sie den Übergang in die entscheidende letzte Phase.

PHASE 4: DIE UNCHANGEZONE

Veränderung macht dann am meisten Spaß, wenn Sie mit Purpose, Erfüllung und Balance einhergeht. Genau das geschieht in der «UnChangezone». Mittlerweile ist Ihr Selbstvertrauen enorm gestiegen, sodass Sie sich Dinge zutrauen, von denen Sie früher noch nicht einmal zu träumen gewagt hätten. Voller Freude und Leichtigkeit stürzen Sie sich auf das Lösen von Problemen, probieren neue Ideen umgehend aus und entwickeln sich zu einem Vorbild für Ihr Umfeld. Ihre neuen Fähigkeiten, Skills und Eigenschaften sind Ihnen mittlerweile in Fleisch und Blut übergegangen und helfen Ihnen als unbewusste Automatismen dabei, Ihre Ziele und Träume zu erreichen.

Aber noch etwas anderes, viel Wichtigeres geschieht, sobald Sie beginnen, einen Großteil Ihrer Zeit in der «UnChangezone» zu verbringen. Fast wie von selbst verschieben sich nämlich die Grenzen sowohl Ihrer Komfort- als auch Ihrer Angstzone. Auf der einen Seite erweitert sich die Komfortzone. Kein Wunder, denn was vor einiger Zeit noch vollkommen undenkbar und jenseits bekannter Regeln und Standards erschien, ist mittlerweile zur gelebten Realität geworden. Gleichsam verkleinert sich aber auch die Angstzone, denn viele Situationen, in denen Sie in der Vergangenheit noch mit zitternden Knien und pochendem Herzen reagiert hätten, sind mittlerweile für Sie zu einer perfekten Gelegenheit geworden, als Mensch zu wachsen und neue Erfahrungen zu machen. Werden die Zweifel, die Unsicherheit und die Angst jemals komplett verschwinden? Natürlich nicht. Und das ist auch gut so, sind sie doch der perfekte Indikator dafür, dass Sie gerade dabei sind, etwas Außergewöhnliches zu tun. Oder anders:

Die Veränderungen, vor denen Sie am meisten
Angst haben, sind diejenigen, welche die größten
Durchbrüche für Sie bringen.

Liebe Leserinnen und Leser, ich hoffe sehr, dass es mir gelungen ist, mit den bisherigen Ausführungen Ihre Sehnsucht nach neuen Ideen, neuen Wegen und neuen Verhaltensweisen zu triggern. Dass ich Ihnen Lust machen konnte, der Bequemlichkeit des Status quos zu entsagen und sich in das Unbekannte zu verlieben. Je mehr Sie als Persönlichkeit wachsen, desto größer wird das Ausmaß an Erfüllung, Bedeutung und Zufriedenheit. Denken Sie immer daran: Ihre Lebensqualität hängt von dem Ausmaß an Wachstum ab, mit dem Sie dauerhaft komfortabel leben können. Doch bevor Sie jetzt direkt losstürmen wollen, noch ein kurzer Hinweis, denn natürlich kommt es auch hier auf die richtige Balance an.

Warum? Nicht alles, was neu ist, ist auch automatisch gut. Im Umkehrschluss ist auch nicht alles, was alt ist, automatisch schlecht. Der ausgeglichene Umgang mit notwendigen Veränderungen ist daher ein wenig wie der berühmte Ritt auf der Rasierklinge oder der Drahtseilakt im Zirkus. Nur wenn Sie die richtige Balance aus alt und neu finden, werden Sie auch die wundervollen Effekte der «UnChangezone» genießen können. Dies bedeutet auf der einen Seite wertzuschätzen, was sich bewährt hat. Was gut ist. Was Sie ganz bewusst bewahren wollen. Andererseits sollten Sie stets bereit sein, Prozesse, Zustände und insbesondere sich selbst regelmäßig zu hinterfragen und dann radikal zu verändern. Auf diese Weise erhalten Sie diesen magischen Cocktail aus Tradition und Moderne, aus Bewahren und Wagen und natürlich dem Wesen des «UnChange-Mindsets» entsprechend aus festen und stabilen Werten und flexiblem Verhalten.

WIR SIND CHANGE-REBELLEN – EIN MANIFEST

Eines meiner Lieblingszitate stammt vom amerikanischen Illusionisten Teller: «Manchmal ist Magie einfach nur jemand, der mehr Zeit für etwas aufbringt, als irgendjemand anders vernünftigerweise erwarten würde.» Ich bekomme beim Lesen schon wieder Gänsehaut, denn die Worte beschreiben auf eine wunderbare Art und Weise, dass alles, was von außen mühelos, einfach und fast schon magisch aussieht, in Wirklichkeit nur das Ergebnis von Fleiß, Durchhaltevermögen und Commitment ist. Außergewöhnliche Dinge geschehen, wenn Sie eine unumstößliche Entscheidung treffen und sich selbst das Wort geben, diese dauerhaft und konsequent umzusetzen. Genau zu einer solchen Entscheidung möchte ich Sie zum Abschluss des Kapitels gern anstiften. Nicht mit Appellen oder Ratschlägen, sondern in Form eines Manifests. Mein großes Ziel ist es dabei, den Wind der *Mindset-Revolution* durch die Welt wehen zu lassen und die Change-Rebellen-Community zu einer mitreißenden Bewegung werden zu lassen, deren Mitglieder eine riesige Delle ins Universum hauen.

Es wäre für mich das Größte überhaupt, wenn Sie das Manifest als Anlass nehmen würden, sich selbst das Versprechen zu geben, die Sehnsucht nach neuen Wegen zu einem Kompass für Ihr Leben und Ihr Business werden zu lassen. Sich der *Mindset-Revolution* anzuschließen und als Change-Rebell die Menschen positiv zu beeinflussen. Einen nach dem anderen. Sie wissen nicht genau, ob Sie ein Change-Rebell sind? Dann lassen Sie mich Ihnen hier meine Definition vorstellen:

*Change-Rebellen sind positiv bekloppte Menschen,
die Veränderung einfach machen. Ohne Zwang und
Druck, dafür mit einer großen Portion Leichtigkeit
und immer in Balance. Sie sind offen gegenüber
neuen Ideen, denken innovativ und treffen mutige
Entscheidungen. Vor allem aber haben Sie Lust auf
die aktive Gestaltung der Zukunft und lassen sich
dabei von ihrer Sehnsucht nach neuen Wegen leiten.*

Finden Sie sich in diesen Worten wieder? Wunderbar, Sie ahnen ja gar nicht, wie viel mir das bedeutet. Natürlich bin ich mir bewusst, dass aktuell viele ähnliche Begriffe kursieren. Ein kurzes Überfliegen verschiedenster Social-Media-Profilbeschreibungen führt zur Erkenntnis, dass mit Buzzwords wie *Change Agent, Change Enthusiast* oder *Change Evangelist* aktuell herumgeschmissen wird wie mit Kamellen auf dem Kölner Karnevalsumzug. Was macht uns Change-Rebellen also anders? Warum verbirgt sich hinter diesem Begriff mehr als nur ein weiterer gehypter Titel? Für mich ist es die Intention, mit der wir uns selbst und unser Umfeld verändern. Es ist das Warum und Wofür. Es ist das «UnChange-Mindset», auf dem all unser Handeln beruht und das zu einem ganz besonderen Umgang mit Veränderungen jeglicher Art führt. Im Kleinen wie im Großen. Im persönlichen Alltag wie im Job. Sowohl bei selbst initiiertem *Change* als auch bei externen Krisen, Problemen und Herausforderungen. Da das *Mindset* immer auf den Faktoren «Identität», «Werten» und «Beliefs» basiert, möchte ich Ihnen gern die DNA unserer Change-Rebellen-Bewegung vorstellen. Here we go:

DIE CHANGE-REBELLEN-IDENTITÄT

- Wir nutzen das «UnChange-Mindset» als Schlüssel für nachhaltige Veränderung.
- Wir hinterfragen den Status quo.
- Wir gestalten, statt zu verwalten.
- Wir ermutigen die Menschen um uns herum.
- Wir lassen Taten statt Worte sprechen.
- Wir leben unsere Werte.
- Wir entwickeln innovative Ideen.
- Wir treffen mutige Entscheidungen.
- Wir gestalten die Zukunft aktiv.
- Wir wissen: Niemand gewinnt allein.
- Wir übernehmen Verantwortung.
- Wir jammern nicht, wir machen.
- Wir führen mit Vertrauen, Transparenz und Empathie.
- Wir sind Surfertypen für andere.
- Wir fördern Diversität und Inklusion.
- Wir wissen, dass Klarheit, Fleiß und Hartnäckigkeit zu außergewöhnlichen Ergebnissen führen.
- Wir hören niemals auf zu lernen.
- Wir haben große Träume und eine starke Vision.
- Wir machen einen Unterschied.
- Wir sagen au ja zur Veränderung.
- Wir verändern mit Leichtigkeit und Balance statt mit Druck und Zwang.
- Wir sind leidenschaftlich, mutig und ein klein wenig verrückt.

DIE CHANGE-REBELLEN-WERTE

- **Verantwortung:** Niemand gewinnt allein! Aber nur wenn jeder an seinem Platz persönliche Verantwortung übernimmt, können wir gemeinsam erfolgreich sein.
- **Dankbarkeit:** Wir gehen mit einer Attitude of Gratitude durchs Leben. Wir geben stets, bevor wir nehmen.
- **Diversity:** Wir respektieren jeden Menschen so, wie er ist, und behandeln jede Person individuell.
- **Integrität:** We walk our talk. Wir lassen Taten statt Worte sprechen und tun das, was wir angekündigt haben.
- **Unterstützung:** Das Team ist uns heilig und wir machen die Menschen in unserem Umfeld groß und erfolgreich.
- **Familie:** Erfolg hat bei uns eine klare Reihenfolge: Family First, dann kommt das Business.
- **Bedeutung:** Für uns ist unser Job nicht nur ein Job. Unser gesamtes Wirken beruht auf Sinnhaftigkeit und wir tun unser Bestes, die Welt jeden einzelnen Tag ein kleines Stückchen besser zu machen.
- **Humor:** Wir lachen gern und viel, besonders über uns selbst, denn für uns muss Arbeit vor allem eins machen: Spaß!
- **Exzellenz:** Wir haben hohe Ansprüche und Standards. An unsere Produkte, unseren Service, besonders aber an uns.

DIE CHANGE-REBELLEN-NO-GO-WERTE

- Gleichgültigkeit
- Beliebigkeit
- Feigheit
- Egoismus
- Rumeierei
- Zynismus
- Humorlosigkeit
- Schwarzmalerei
- Gewalt
- Rassismus
- Hass
- Dogmatismus
- Besserwisserei
- Opportunismus

Unsere positiven, vor allem aber unsere No-go-Werte sind unser Leuchtturm und niemals verhandelbar. Sollten Sie also einen der No-go-Werte als entscheidendes Prinzip in Ihrem Leben definiert haben, dann heißt es: Sorry, we are DEFINITELY not for you!

DIE CHANGE-REBELLEN-BELIEFS

- **Wir glauben,** dass Veränderung immer in Balance und ohne Druck und Zwang geschehen sollte.
- **Wir glauben,** dass Unternehmen sich verändern, wenn die Menschen sich verändern.
- **Wir glauben,** dass eine Kultur der Veränderung jede noch so ausgetüftelte Strategie schlägt.
- **Wir glauben,** dass wir für unsere Ergebnisse verantwortlich sind. Für die guten wie auch die schlechten.
- **Wir glauben,** dass in jedem Problem eine riesige Chance lauert.
- **Wir glauben,** dass Motivation auf Sinn und Werten basiert und nicht auf externen Faktoren.
- **Wir glauben,** dass in jedem Menschen ein großes Feuer lodert, das nur darauf wartet, entzündet zu werden.
- **Wir glauben,** dass sich alles verändert, wenn wir uns verändern.
- **Wir glauben,** dass innovatives Denken, harte Arbeit und Commitment die Grundlage für Erfolg bilden.
- **Wir glauben** an Individualität statt an Gleichmacherei.
- **Wir glauben** an einfache Lösungen und nicht an komplizierte Probleme.
- **Wir glauben** an Klarheit, Verbindlichkeit und Integrität.
- **Wir glauben** an Ergebnisse und nicht an Ankündigungen.
- **Wir glauben** an Teamwork und nicht an Einzelkämpfertum.
- **Wir glauben,** dass ein einzelner Mensch mit seinen Ideen und Taten die Möglichkeit besitzt, die Welt aus ihren Angeln zu heben.

Die Kombination dieser Identität, Werte und Überzeugungen macht einen wahren Change-Rebellen aus. Meine große Vision ist es, dass immer mehr Menschen voller Inbrunst und Leidenschaft unseren Battle-Cry in die Welt herausschreien: *Wir sind Change Rebellen!*

Das heißt übrigens nicht, dass wir permanent mit der rosaroten Brille durchs Leben gehen, Probleme konsequent ignorieren und Veränderungen ausschließlich nur um der Veränderung wegen initiieren. Ganz im Gegenteil. Wir wissen, dass *Change* hart sein kann, zu schlaflosen Nächten führt und oft von einem Gefühl der Frustration begleitet wird. Doch damit nicht genug. Kommen Ihnen folgende Emotionen bekannt vor: *Zweifel, Sorge, Angst, Überforderung, Einsamkeit, Verzweiflung* oder *Hoffnungslosigkeit*? All diese Gefühle sind normale Begleitumstände von Veränderungen. Wir alle haben sie. Sie, ich und auch die erfolgreichsten Menschen dieser Welt. Entscheidend ist einzig und allein, wie wir damit umgehen, welche Perspektive wir einnehmen und worauf wir unseren Fokus richten.

Wir Change-Rebellen wissen, dass die emotionale Achterbahnfahrt zu Veränderungsprozessen dazugehört, richten unsere Aufmerksamkeit aber immer auf Chancen, Möglichkeiten und Lösungen. Es gibt so viele unglückliche, frustrierte und verzweifelte Menschen auf dieser Welt, weil die große Masse auf der einen Seite Fortschritt will, gleichsam aber nicht bereit ist, die dafür notwendigen Veränderungen zu initiieren. Erst wenn man akzeptiert, dass es dafür eines persönlichen *Change* bedarf, kommt es zu nie dagewesenen Durchbrüchen.

Wir Change-Rebellen haben verstanden, dass Veränderungen der Weg sind, um unsere Ziele zu erreichen und unsere Träume zu leben. Aus diesem Grund lassen wir uns von der Sehnsucht nach neuen Wegen leiten. Wir umarmen die Unsicherheit, weil wir wissen, dass sie eine großartige Möglichkeit ist, uns weiterzuentwickeln, besser zu werden und persönlich zu wachsen.

Haben Sie sich in den Beschreibungen dieses Manifests wiedergefunden? Dann würde es mein Herz mit Freude erfüllen, wenn Sie die Entscheidung treffen würden, ein Teil der *Mindset-Revolution* zu werden und die Philosophie, die Ideen und die Botschaften in die Welt zu tragen, damit sie sich dort multiplizieren können. Sie sind dabei? Wunderbar, dann kommen hier vier Ideen, wie Sie Teil der Change-Rebellen-Community werden können:

1. Schreiben Sie mir eine E-Mail an mindsetrevolution@iljagee.com mit weiteren Ideen und Vorschlägen.
2. Spread the Word: Nutzen Sie bei Ihren Posts auf Social Media den Hashtag #MindsetRevolution.
3. Verschenken Sie das Buch an so viele Menschen wie möglich.
4. Werden Sie Teil der Community auf Discord und tauschen Sie sich mit anderen Change-Rebellen aus. Den Link finden Sie auf meiner Webseite unter www.iljagee.de.

Ich danke Ihnen von Herzen für Ihren Support. Die Welt hat genug von grauem Mittelmaß und Menschen, die angepasst, unglücklich und frustriert ein Leben im seelischen Niemandsland führen. Sie lechzt nach mutigen Change-Rebellen, die gemeinsam eine riesige Delle ins Universum hauen. Ich lasse mich von der Sehnsucht nach neuen Horizonten antreiben und verliebe mich jeden einzelnen Tag aufs Neue in das Unbekannte. Wie ist es mit Ihnen?

MINDSET-MEMO

DIE 5 WICHTIGSTEN IDEEN DES KAPITELS

1 Wenn Sie sich nicht regelmäßig neuen Reizen, herausfordernden Erfahrungen und unbekannten Situationen aussetzen, dann wird Ihre persönliche Komfortzone im Laufe der Zeit immer gemütlicher und Tristesse, Mittelmaß und Beliebigkeit breiten sich aus.

2 Sie haben niemals Angst vor dem Unbekannten. Sie haben Angst davor, dass etwas Bekanntes zu Ende geht.

3 Umarmen Sie daher die Unsicherheit. Freuen Sie sich auf Neuanfänge. Und erweitern Sie so oft es geht Ihre ganz persönliche Komfortzone. Ihre Ziele und Träume werden es Ihnen danken.

4 Die Veränderungen, vor denen Sie am meisten Angst haben, sind diejenigen, welche die größten Durchbrüche für Sie bringen.

5 Ihre Lebensqualität hängt von dem Ausmaß an Wachstum ab, mit dem Sie dauerhaft komfortabel leben können.

KAPITEL 6

GELASSENHEIT – SCHÖNER SCHEITERN

Es war ein wunderschöner Tag im Sommer 2022. In den späten Nachmittagsstunden hatte ich mein Büro in den Garten verlegt und ging gerade die Post durch. Ich startete mit einem Brief meines Energieversorgers und fand mich umgehend in einem Zustand wieder, der bei mir nicht oft vorkommt. Mir fehlten die Worte. In roten und fett gedruckten Buchstaben starrte mich die folgende Betreffzeile an: «Ihr E-Mail-Anhang war zu groß.» Hä? Der Satz löste Verwirrung in mir aus. Doch dann erinnerte ich mich, dass ich ein paar Wochen zuvor unsere verschiedenen Zählerstände abfotografiert und per E-Mail an das besagte Unternehmen gesendet hatte. Aber warum erhielt ich dann als Antwort einen Brief? Das konnte doch nicht sein. Ich schaute also noch einmal hin. Doch tatsächlich, im nachfolgenden Text wurde es noch konkreter: «Sie haben uns eine E-Mail mit Anhang gesendet. Leider können wir diese nicht öffnen, da der Anhang größer als 9 MB ist. Bitte senden Sie uns die Informationen in kleinerer Dateigröße noch einmal zu.» Man muss sich die dahinterstehende Denkweise auf der Zunge zergehen lassen. Anstatt einfach auf die E-Mail zu antworten (und damit den Fall abzuschließen), musste sich jemand damit beschäftigen, den Vorgang an eine andere Abteilung weiterzuleiten. Dort hat sich dann jemand anders des Falls angenommen und den Brief erstellt, der dann von wieder jemand anderem frankiert und in den Versand gegeben wurde. Und jetzt kommt das Kuriose: Nicht nur ist dieser Prozess für mich als Kunden enorm nervig, sondern auch das Unternehmen leidet unter ineffizienten Abläufen, unnötigen Kosten und frustrierten Mitarbeitern, die mit unsinnigen Aufgaben von den wirklich wichtigen Tätigkeiten abgehalten werden.

Was ist jetzt aber der Grund dafür? Würden Sie die handelnden Personen fragen, dann bin ich mir sicher, dass Sie eine Variation der folgenden Antworten erhalten würden: «*Dafür bin ich nicht zuständig*», «*Das lässt sich nicht so einfach ändern*» oder natürlich der berühmt-berüchtigte Klassiker «*Das haben wir schon immer so gemacht.*» Diese gleichgültige Haltung führt dann dazu, dass man Dienst nach Vorschrift macht, über Sinn und Unsinn von Regeln gar nicht erst nachdenkt und in letzter Konsequenz auf ein digitales Problem mit einem Prozess reagiert, der noch aus der guten alten analogen Zeit stammt. Oder anders ausgedrückt: Man versucht, ein Problem von heute mit den Methoden und Ansätzen von vorgestern zu lösen.

Der Brief meines Energieversorgers ist da übrigens kein Einzelfall. Wenn Sie mit offenen Augen durchs Leben gehen, dann werden Sie auf die kuriosesten Erlebnisse stoßen, die alle auf dem gleichen Muster basieren. Da gibt es beispielsweise den Briefkasten in der Lobby eines großen Konzerns, auf den ein Zettel mit der Aufschrift *Onlineanmeldungen hier einwerfen* geklebt wurde. Mit dem *Webadressbuch für Deutschland* (seit Jahren ein Amazon-Bestseller!) existiert auch im Jahr 2023 immer noch eine Art Telefonbuch fürs Internet (wer braucht schon Google?). Diese Aufzählung wäre wohl nicht vollständig, wenn ich nicht darauf hinweisen würde, dass Faxgeräte und Overheadprojektoren immer noch zur Standardtechnik in vielen Schulen, Universitäten, Krankenhäusern und Behörden gehören (don't get me started). Bei diesen Beispielen handelt es sich, wohlgemerkt, ja nur um die Spitze eines riesigen Eisbergs.

Aber woran liegt diese grundsätzliche Weigerung, sich auf innovative Ideen, neue Wege und mögliche Verbesserungen von Abläufen einzulassen? In Organisationen ist es so gut wie immer eine negative Fehlerkultur in Kombination mit Führung, die auf Druck und Angst basiert. Das sieht dann in der Regel wie folgt aus: Irgendjemand begeht einen Fehler, worauf umgehend die Suche nach einem Schuldigen beginnt. Ist dieser erst einmal identifiziert, wird auf eine verurteilende Art und Weise mit dem Finger auf diese Person gezeigt, die dadurch vor Scham am liebsten in Grund und Boden versinken würde. Die Folge? Schleichend entwickeln die Menschen eine tiefsitzende Angst davor, Fehler zu machen. Kein Wunder, wenn mögliche Konsequenzen wie Abmahnungen, öffentliche Demütigung oder gar Kündigung permanent wie ein Damoklesschwert über einem schweben. So kommt es schlussendlich, dass überhaupt keine Entscheidungen mehr getroffen werden, niemand mehr ein Risiko eingeht und sich im besten Fall nur noch Dienst nach Vorschrift auf der Tagesordnung befindet. Viel häufiger passiert aber nicht einmal mehr das, sondern es wird lediglich noch der Stillstand verwaltet. Eine logische Konsequenz, denn wer nichts tut, der kann schließlich auch keine Fehler begehen. Eine tragische Entwicklung, die früher oder später in einer toxischen Unternehmenskultur endet.

Aber auch auf der persönlichen Ebene haben viele Menschen eine fast schon panische Angst vorm Scheitern entwickelt. Weil Misserfolge in den unterschiedlichsten Lebensbereichen fast schon automatisch mit der Überzeugung einhergehen, dass man ein Versager sei. Dies führt zu einem faszinierenden Dilemma: Je verkrampfter man versucht, bloß keine Fehler zu machen, desto häufiger treten diese auf, was auf Dauer das Selbstvertrauen richtig in den Keller sinken lässt. Lassen Sie mich daher einen wichtigen Punkt an dieser Stelle noch einmal herausstellen:

*Der größte Erfolgsverhinderer von Veränderungen
ist der Faktor «Druck».*

Damit meine ich sowohl die äußeren Zwänge und Erwartungen, insbesondere aber die innere Angst vor möglichen Fehlern und die daraus resultierende Belastung, der wir uns selbst aussetzen. Die emotionale Last, in einem ganz bestimmten Zeitraum ein ganz spezifisches Ergebnis erzielen zu müssen, auf keinen Fall scheitern zu dürfen und permanent gegen den Status quo Ihres Jobs, Ihrer Gesundheit, Ihrer Finanzen, Ihrer Beziehungen und Ihrer generellen Zufriedenheit im Leben ankämpfen zu müssen. Die Lösung ist, wie so häufig, sehr einfach, aber auf keinen Fall leicht. Die Kunst ist es, den Druck und die Angst vor Fehlern aus Ihrem Leben zu verbannen und mit dem «UnChange-Mindset»-Erfolgsfaktor «Gelassenheit» zu ersetzen.

Würden Sie mir zustimmen, dass Sie immer dann besonders erfolgreich sind, wenn Sie Aufgaben entspannt, gelassen und mit einer großen Portion Selbstvertrauen angehen, und nur dann verkrampfen, wenn Sie Fehler unbedingt vermeiden wollen, dem Druck nicht standhalten können und ein gewünschtes Ergebnis so dringend brauchen, dass Sie bei der Umsetzung wie das sprichwörtliche Kaninchen vor der Schlange erstarren? Nehmen Sie zum Beispiel meine Lieblingssportart Golf. Egal ob Sie jemals in Ihrem Leben einen Schläger in der Hand gehalten haben, einen Putt aus einem halben Meter Entfernung würden Sie mit hoher Wahrscheinlichkeit in neun von zehn Fällen ganz locker einlochen. Aber wie sähe es aus, wenn es der letzte Putt beim wichtigsten Turnier der Welt wäre? Wenn das Ergebnis über ewigen Ruhm oder das Image eines Versagers entscheiden würde? Wenn Sie wüssten, dass Sie nur noch einen Schlag von ungeahntem Reichtum auf Ihrem Konto entfernt wären? Unter solchen Rahmenbedingungen wirken die fünfzig Zentimeter auf einmal unendlich lang. Weil das

Herz schneller schlägt. Die Hände zu schwitzen beginnen. Ihr innerer Dialog Sie permanent daran erinnert, was alles schiefgehen kann. Eine vollkommen leichte Tätigkeit wird unter Druck auf einmal zur schwersten Aufgabe der Welt.

Dieses Phänomen taucht im Alltag übrigens ständig und überall auf. Beim Flirten, in Verhandlungen, in der Kommunikation, in zwischenmenschlichen Beziehungen, beim Sport, im Verkauf und natürlich in den unterschiedlichsten Kontexten im Job. Ich weiß noch genau, wie ich direkt nach dem Studium zu einem Vorstellungsgespräch bei einem absoluten Traumunternehmen eingeladen wurde. Nichts auf der Welt wollte ich mehr als diesen Job, denn ich wusste, dass mir dadurch sämtliche Türen für eine erfolgreiche Zukunft weit offenstehen würden. Doch diese Aussicht beflügelte mich nicht etwa, sondern führte dazu, dass ein zentnerschwerer Druck auf meinen Schultern lastete. Von der Angst vorm Scheitern angetrieben versuchte ich, der perfekte Kandidat für das Unternehmen zu sein, und machte damit so ziemlich alles falsch, was man falsch machen konnte. Ich verkrampfte, antwortete mit auswendig gelernten Phrasen und wirkte eher wie ein Roboter als ein Mensch mit einer facettenreichen Persönlichkeit. Nach nur zehn Minuten tauschten die beiden Personalerinnen einen vielsagenden Blick aus, um mir dann mitzuteilen: «Ähm, vielen Dank, Herr Grzeskowitz. Wir melden uns.»

Die Absage ließ logischerweise nicht lange auf sich warten, aber zum Glück gab ich nicht auf und ging trotz des holprigen Starts meinen Weg als Geschäftsführer im Einzelhandel. Je erfolgreicher ich wurde, je mehr mein Netzwerk wuchs und je mehr ich externe Audits mit entsprechenden Empfehlungen abschloss, desto mehr Jobangebote erhielt ich. Von Wettbewerbern aus dem Handel, von Unternehmensberatungen und sogar von bekannten Marken aus mir völlig fremden

Branchen. Ich fühlte mich zwar sehr geschmeichelt, war aber überhaupt nicht interessiert, da ich bereits die Entscheidung getroffen hatte, mich als Keynote-Speaker und Autor selbstständig zu machen. Trotzdem nahm ich die Vorstellungsgespräche wahr. Einerseits kann es ja niemals schaden, den eigenen Marktwert zu testen, und andererseits war ich mir sicher, dass die Erfahrungen für meine zukünftige Aufgabe als Veränderungsexperte sehr hilfreich sein könnten. Sie dürfen raten, was geschah: Richtig, meine innere Gelassenheit übertrug sich auf mein gesamtes Auftreten und meine Kommunikation, sodass ich in jedem einzelnen Gespräch ein Jobangebot erhielt, und zwar ohne auch nur um einen einzigen Euro bei meinen durchaus anspruchsvollen Gehaltsvorstellungen verhandeln zu müssen.

Es entbehrt nicht einer gewissen Komik, nicht wahr? Je verkrampfter man sich an eine Aufgabe macht, je mehr man etwas verzweifelt braucht und eine panische Angst vorm Scheitern hat, desto größer die Wahrscheinlichkeit, dass man genau das Gegenteil von dem erreicht, was man sich eigentlich gewünscht hatte. Lässt man sich hingegen von einer inneren Gelassenheit leiten und akzeptiert, dass Fehler zum Leben nun mal dazugehören, dann kommt es von ganz allein zu einer Weiterentwicklung und oftmals auch viel schneller zu den erhofften Ergebnissen. Der amerikanische Leichtathletikcoach Joe Vigil hat dies in folgender Metapher perfekt beschrieben: «In deinem Herzen wohnen zwei Göttinnen. Die Göttin der Weisheit und die Göttin des Reichtums. Alle denken, dass man zuerst reich sein muss, und die Weisheit folgen wird. Und so fangen sie an, dem Geld hinterherzurennen. Aber die Reihenfolge ist falsch. Du musst Dein Herz der Göttin der Weisheit schenken und ihr all Deine Liebe und Aufmerksamkeit geben. Dadurch wird die Göttin des Reichtums eifersüchtig und dir automatisch folgen.»

Ein wundervolles Bild, nicht wahr? Das Wichtigste steht allerdings zwischen den Zeilen. Hierzu müssen Sie gedanklich nur den Begriff Reichtum durch Erfolg ersetzen, was auch immer Sie darunter verstehen. Um diesen zu erreichen, bedarf es sowohl persönlichen Wachstums als auch einer Reihe von notwendigen Veränderungen. Diese lassen sich eben wesentlich einfacher umsetzen, wenn Sie nicht verkrampft einem spezifischen Resultat hinterherrennen und wie eine Maschine gegen den Status quo ankämpfen, sondern sich mit Gelassenheit darauf konzentrieren, das Leben zu genießen, an seinen diversen Aufgaben zu wachsen und sich weiterzuentwickeln. Dies bedeutet übrigens nicht, dass sämtliche Erfolge zufällig passieren. Es bedeutet auch nicht, dass man sich keine Ziele mehr setzen oder nicht mehr diszipliniert an der Umsetzung arbeiten sollte. Ganz im Gegenteil, all das ist natürlich wichtig. Die Gelassenheit ist ganz einfach das Antidot zur Tendenz, es mit den Veränderungen zu übertreiben, zu viel Druck aufzubauen und dadurch bei der Umsetzung zu verkrampfen.

Ich möchte mit diesem Kapitel gern ein leidenschaftliches Plädoyer für das Scheitern halten. Sie dazu ermutigen, schöner zu scheitern. Häufiger zu scheitern und aus diesem Scheitern dann zu lernen, besser zu werden und Ihr «UnChange-Mindset» weiter auszubauen. Dabei liegt es mir übrigens fern, Misserfolge glorifizieren zu wollen. Vielmehr möchte ich Sie daran erinnern, dass sie zum Leben nun einmal dazugehören wie die Luft zum Atmen. Je komfortabler Sie mit Rückschlägen umgehen können, desto mehr werden Leichtigkeit, ein hohes Selbstvertrauen und eine tiefe innere Gelassenheit Einzug in Ihr Leben halten. Daraus folgt ein gewisses Paradoxon:

Je selbstverständlicher Sie mit dem Thema Scheitern umgehen, desto größer die Wahrscheinlichkeit, dass Sie erfolgreich sein werden.

Aus genau diesem Grund funktioniert Veränderung eben dann am besten, wenn Sie nicht auf Krampf und Druck basiert, sondern auf Leichtigkeit, Balance und Gelassenheit. Sind Sie bereit, die geheime Superkraft namens Gelassenheit als wichtigen Bestandteil Ihres «UnChange-Mindsets» für sich wirken zu lassen? Dann lassen Sie uns am besten direkt starten, und zwar mit einer Frage, die das Potenzial besitzt, Ihr Leben positiv aus den Angeln zu heben.

SCHEITERN MIT ANSAGE

Was würden Sie tun, wenn Sie wüssten, dass Sie nicht scheitern können? Diese Frage haben Sie sicherlich schon einmal gehört, nicht wahr? Sie hat einen festen Platz in sämtlichen Erfolgs-büchern und wird auch von Keynote-Speakern rund um die Welt gern bemüht, wenn es darum geht, den Mut für das Ver-folgen der eigenen Ziele und Träume aufzubringen. Die Idee dahinter klingt auf den ersten Blick logisch: Weil die meisten Menschen aus Angst vor dem Scheitern gar nicht erst anfangen, eliminiert man diese Möglichkeit ganz einfach gedanklich und hilft sich damit selbst, den so wichtigen ersten Schritt zu gehen. Aber Vorsicht! Ich halte diese Frage nämlich für extrem gefährlich. Warum? Ganz einfach, weil sie aus meiner Sicht das Resultat einer sich immer weiter ausbreitenden Mentalität ist.

Egal ob es sich um die Politik, das Treffen von schwierigen Ent-scheidungen in Unternehmen oder das Umsetzen von genialen Ideen im persönlichen Alltag handelt, immer mehr Menschen agieren nach dem Motto: «*Ich würde es ja probieren, wenn man mir garantieren würde, dass es auf jeden Fall klappen wird.*» Schon mal gehört? Vielleicht schon selbst einmal gedacht? Diese Denkweise basiert allerdings auf einem großen Irrtum. Das Leben funktioniert so leider nicht. Für absolut nichts gibt es eine Garantie. Ganz im Gegenteil. Jede Chance birgt immer auch Risiken, perfekte Pläne können schiefgehen, jedem Erfolg stehen immer entsprechende Misserfolge gegenüber und insbesondere die erfolgreichen Persönlichkeiten sind auf dem Weg zu ihren Errungenschaften häufig mehrfach krachend gescheitert.

Obwohl dies allgemein bekannt ist, schlummert tief im Unterbewusstsein der großen Masse immer noch die Erwartung, dass man selbst von dieser Dualität nicht betroffen sei und dass man die kleinen und großen Vorhaben des Alltags direkt im ersten Anlauf erreichen müsse. Ehe man sich versieht, hat man sich selbst einen immensen Druck aufgebaut und fängt vor lauter Angst vor einem möglichen Scheitern gar nicht erst mit der Umsetzung an. Das Buch wird nicht geschrieben, das Unternehmen nicht gegründet und der Traum nicht gelebt. Weil man sich davor fürchtet, dass sich andere Menschen lustig machen könnten. Dass man nicht gut genug wäre und sich in den buntesten Farben ausmalt, was alles schiefgehen kann. Die Konsequenz? Viele Menschen haben ihr Leben an folgender Regel ausgerichtet: Wenn es keinen leichten Weg gibt, dann gehe ich gar nicht erst los.

Was für eine tragische Haltung. Bevor Sie nämlich Ihre ganz persönlichen Ziele erreichen können, fordert das Universum eine Menge Rückschläge, Fehler und Misserfolge ein. Scheitern gehört zum Leben dazu wie Asterix zu Obelix, wie Marzipan zu Lübeck und wie der Song *Last Christmas* zur Weihnachtszeit. Ich gehe sogar noch einen Schritt weiter. Je häufiger Sie auf Ihrem Weg scheitern, desto erfolgreicher werden Sie sein. Ja, Sie haben richtig gelesen.

Die Anzahl Ihrer Fehler ist ein direkter Spiegel Ihres
Erfolgs in sämtlichen Lebensbereichen.

Nur wer handelt, der verändert sich aktiv. Nur wer mutige Entscheidungen trifft, der wird besser. Nur wer sich traut, neue Ideen auszuprobieren, der findet irgendwann die richtige. Dabei passieren nun mal zwangsläufig Fehler. Jeder einzelne davon ist ein wertvolles Feedback, dass Sie sich in der so wichtigen Umsetzung befinden. Mit jeder einzelnen Erfahrung werden Sie wachsen, sich weiterentwickeln und erfolgreicher werden. Die Geschichte ist voller Beispiele von Menschen, die sich konsequent Richtung Erfolg gescheitert haben. Die Buchidee von Verlegerin Arianna Huffington wurde von 36 Verlagen abgelehnt, bevor sie mit der *Huffington Post* die Medienlandschaft nachhaltig veränderte. Harland Sanders, der Gründer von *Kentucky Fried Chicken*, bekam von 1009 Banken ein Nein, als er ihnen seine Geschäftsidee präsentierte. Selbst Regie-Ikone Steven Spielberg wurde von drei Filmschulen abgewiesen, bevor ihm mit Filmen wie *E.T.*, *Indiana Jones* oder *Jurassic Park* der große Durchbruch gelang. Weil ich wetten könnte, dass es auch in Ihrem Leben Beispiele gibt, wo Sie erst durch einen großen Fehler zum entscheidenden Durchbruch gekommen sind, möchte ich Ihnen gern eine alternative Formulierung für die Frage vom Anfang dieses Abschnitts vorschlagen:

Was würden Sie tun, wenn Sie wüssten, dass Sie auf jeden Fall scheitern werden?

Ja, Sie haben tatsächlich richtig gelesen. Dieser Ansatz mag auf den ersten Blick vollkommen verrückt erscheinen, denn wer startet schon gern mit etwas, von dem man weiß, dass es auf keinen Fall klappen wird? Wenn Sie die Frage aber sacken lassen und etwas länger über mögliche Antworten nachdenken, dann könnte ein echter Durchbruch auf Sie warten. Sie werden nämlich über kurz oder lang auf die Ziele, Vorhaben und Träume stoßen, für die Sie so sehr brennen, dass Sie bereit wären, sie auch ohne ein erfolgreiches Ergebnis in Angriff zu nehmen.

Einfach weil Sie Freude am Prozess selbst haben und in der eigentlichen Tätigkeit so richtig aufgehen. Also, Hand auf's Herz, was wäre es wert, getan zu werden, auch wenn es nicht erfolgreich sein würde? Ich musste an diese Frage denken, als ich meine Schwester im September beim Berlin Marathon angefeuert habe, an dem jedes Jahr über 50.000 Menschen teilnehmen. 99,9 Prozent dieser Menschen wissen, dass sie das Rennen auf keinen Fall gewinnen werden. Trotzdem machen sie mit und bereiten sich monatelang auf diesen einen Tag vor. Weil es überhaupt nicht um das Gewinnen an sich geht, sondern einzig und allein darum, dabei zu sein. Die einzigartige Atmosphäre aufzusaugen und natürlich um das unbezahlbare Gefühl, wenn man nach 42 mühevollen Kilometern endlich die Ziellinie überschreitet.

Für mich handelt es sich dabei nicht nur um eine wunderbare Metapher für das Leben an sich, sondern auch um ein perfektes Anwendungsbeispiel des «UnChange-Mindsets». Dieses unterscheidet sich von den traditionellen Ansätzen nämlich dadurch, dass es den Fokus auf den Prozess und nicht auf ein konkretes Ergebnis richtet. Der Punkt ist nämlich folgender: Das Endresultat hängt von so vielen unterschiedlichen Faktoren ab, die Sie allesamt nicht kontrollieren können. Wie Sie den Prozess steuern, welche Dinge Sie tun oder lassen und mit wie viel Herzblut Sie die Aufgabe angehen, liegt hingegen zu 100 Prozent in Ihrem Einflussbereich. Je mehr Sie sich darauf konzentrieren, desto größer die Wahrscheinlichkeit, dass Sie auch ein gutes Ergebnis erzielen werden. Ein paar Beispiele gefällig?

- Schreiben Sie das Buch nicht, weil Sie unbedingt auf der Bestsellerliste landen wollen, sondern weil Sie etwas zu sagen haben und Ihnen das Schreiben Spaß macht.
- Starten Sie den YouTube-Kanal nicht, um so schnell wie möglich Hunderttausende Abonnenten anzusammeln,

sondern weil Sie Freude am Drehen von inspirierenden Videos haben.

- Gehen Sie nicht aus, um einen Partner zu finden, sondern weil Sie gern feiern und die Gesellschaft anderer Menschen genießen.

- Gründen Sie das Start-up nicht, um es möglichst schnell für mehrere Millionen zu verkaufen, sondern weil Sie mit Ihrer Geschäftsidee die Probleme vieler Menschen lösen können.

Auf diese Weise gehen Sie ohne jeglichen Druck, dafür mit einer Menge Gelassenheit an die jeweiligen Aufgaben und können sich zu hundert Prozent auf das konzentrieren, was wirklich zählt. Und wer weiß, vielleicht wird das Buch am Ende doch ein Bestseller, vielleicht schießt Ihr Kanal eines Tages durch die Decke, vielleicht treffen Sie Ihren Traumpartner und vielleicht wird aus Ihrem Start-up tatsächlich das nächste Einhorn.[41] Was aber, wenn nicht? Dann ist es auch kein Beinbruch, weil es Ihnen nie um das Ergebnis, sondern immer um den Weg zum Ziel gegangen ist.

Ich möchte die Frage daher noch einmal wiederholen: Was würden Sie tun, wenn Sie wüssten, dass Sie auf jeden Fall scheitern würden? Machen Sie am besten eine Liste mit allen Antworten, die Ihnen einfallen. Im Anschluss fangen Sie mit der Umsetzung an. Heute und nicht irgendwann. Tun Sie die Dinge, die Sie nachts nicht schlafen lassen. Erfüllen Sie sich die Träume, die schon so lange in der Schublade liegen. Packen Sie die Projekte an, die Sie bisher aus Angst vor dem Scheitern immer wieder aufgeschoben haben. Ja, Misserfolge können hart sein. Aber viel schlimmer ist das Gefühl, wenn Sie irgendwann zurückblicken und es bereuen, es nicht zumindest einmal versucht zu haben. Habe ich recht?

Je eher Sie akzeptieren, dass Scheitern und Fehler zum Leben dazugehören, desto besser. Franz Beckenbauer wurde für seine Motivationsrede vor dem WM-Finale 1990 berühmt, als er der Nationalmannschaft um Lothar Matthäus, Rudi Völler und Andreas Brehme eine einzige Botschaft mit auf den Weg gab: «Geht's raus und spuilts Fußball.» Ich möchte diesen Satz gern adaptieren und Ihnen zurufen: «Gehen Sie raus und scheitern Sie sich erfolgreich.» Das Leben ist einfach zu kurz, um es mit Ausreden und Angst vor der eigenen Courage zu verschwenden.

ERFOLG IST KEIN GLÜCK. ODER DOCH?

Je mehr Sie mit einer großen Portion Gelassenheit der Philosophie des «Schöner Scheiterns» folgen, desto häufiger werden Sie in Situationen geraten und Dinge erreichen, die andere Menschen von außen mit dem Label «Glück» versehen werden. Es ist daher an der Zeit, dass wir uns über diesen oft übersehenen Faktor unterhalten. Einer der am häufigsten genutzten Hashtags auf Instagram ist von der Band Kontra K entliehen, die mit dem Song *Erfolg ist kein Glück* im Jahr 2015 einen riesigen Hit landeten. Aber ist das wirklich so? Ist Erfolg wirklich immer nur das Ergebnis von Blut, Schweiß und Tränen, wie es im Refrain so schön heißt? Dies stimmt in dieser Absolutheit natürlich nicht und ich möchte an dieser Stelle ein für allemal eine Tatsache klarstellen, die in vielen Erfolgsbüchern gern unter den Teppich gekehrt wird. Sind Sie bereit? Dann kommt sie jetzt.

Selbstverständlich spielt der Faktor «Glück» beim Erreichen Ihrer Ziele und Träume eine Rolle. Allein dass Sie in Westeuropa und nicht in einem der vielen Krisengebiete dieser Erde geboren wurden, ist reines Glück, das Ihnen einen riesigen

Startvorsprung vor Milliarden anderen Menschen garantiert hat. Auch dass Sie in einem gut behüteten Elternhaus geboren sind und als Kind nicht hungern oder frieren mussten, ist ebenfalls reines Glück. Wenn Sie mit dem sprichwörtlichen goldenen Löffel im Mund statt in einem sozialen Brennpunkt in einer dysfunktionalen Familie aufgewachsen sind, dann handelt es sich dabei wiederum um Glück. Sie mussten niemals wirklich arbeiten, weil Ihre Eltern reich waren? Herzlichen Glückwunsch, da hatten Sie im Gegensatz zu vielen anderen großes Glück. Sie konnten sich im Laufe Ihrer Karriere immer wieder auf ein funktionierendes Netzwerk verlassen, einfach weil Sie ein weißer Mann sind und keiner Minderheit angehören? Schon wieder Glück gehabt. Ich könnte die Liste noch beliebig weiterführen, aber Sie wissen, worauf ich hinauswill, nicht wahr?

In jedem einzelnen Lebensbereich spielt der Faktor «Glück» immer wieder eine entscheidende Rolle. Manchmal muss man einfach zur richtigen Zeit am richtigen Ort sein und dort die richtigen Menschen treffen, die einem die richtige Tür öffnen. Das entscheidende Quäntchen Glück gehört einfach dazu, wenn Sie Ihre Ziele und Träume leben wollen. Haben wir das geklärt? Wunderbar, denn nun können wir unseren ganzen Fokus auf die andere Seite der Medaille richten. Wir sind nämlich an einem entscheidenden Punkt angelangt, denn bei aller Zufälligkeit können Sie dem Glück natürlich auch ein wenig auf die Sprünge helfen und dafür sorgen, dass es häufiger an Ihre Tür klopft als bei anderen Menschen. Wer könnte diesbezüglich ein besserer Lehrmeister sein als der größte Actionheld aller Zeiten. Selbstverständlich spreche ich von John Wick.

Während meines letzten Langstreckenflugs habe ich wieder einmal einen der gleichnamigen Filme geschaut, in dem Keanu Reeves die Hauptrolle spielt. Dabei ist mir ein entscheidendes

Detail aufgefallen, das ich bis dato immer übersehen hatte. Auf dem Rücken trägt John Wick nämlich ein riesiges Tattoo. In großen Buchstaben steht dort geschrieben: *Fortis Fortuna Adiuvat*. Übersetzt bedeutet es so viel wie *Das Glück begünstigt den Tüchtigen*. Schon die alten Römer wussten anscheinend, dass die Götter des Glücks vor allem den Menschen zur Seite stehen, die fleißig sind und sich gut vorbereiten. In meiner norddeutschen Heimat würde man wohl eher *Wer wagt, der gewinnt* sagen, aber die Grundaussage bleibt die gleiche. Wenn Sie mutig sind, sich gewissenhaft vorbereiten und keine Angst vor dem Scheitern haben, dann kann Sie nichts mehr stressen, weil Sie eine tiefe innere Gelassenheit aufbauen.

Ein perfektes Beispiel hierfür ist Sprinter Usain Bolt, der zwar im Jahr 2017 seine Laufschuhe an den sprichwörtlichen Nagel gehängt hat, aber nach wie vor die Weltrekorde über 100 Meter und 200 Meter hält.[42] In seiner außergewöhnlichen Karriere hat er insgesamt acht olympische Goldmedaillen und elf Weltmeistertitel gewonnen. Wenn man bedenkt, dass sein Vermögen auf ca. 80 Millionen Dollar geschätzt wird, dann hat er mit jeder Minute, die er auf den Tartanbahnen dieser Welt verbracht hat, etwas mehr als 26 Millionen Dollar verdient. Was für eine Quote. Doch wie reagieren die meisten Menschen auf solche oder ähnliche Leistungen? Anstatt diese voller Ehrfurcht anzuerkennen und sich zu fragen, was man tun müsste, um ähnliches zu schaffen, lässt man sich vom Neid blenden und kommentiert dann lapidar: «Kein Wunder, bei dem Talent», «Der hatte ja bloß Glück» oder «Da ist bestimmt nicht alles mit rechten Dingen zugegangen.»

Kommen Ihnen solche Aussagen aus Ihrem Umfeld bekannt vor? Ob sich jemand über die ehemalige Kollegin echauffiert, die sich ein erfolgreiches Unternehmen aufgebaut hat, über den Nachbarn lästert, der gerade mit dem neuesten Tesla in die

Garage gefahren ist, oder die außergewöhnlichen Leistungen eines Usain Bolt kleinredet, das Muster hinter den negativen Reaktionen ist eigentlich immer gleich. Man sieht nur das Endergebnis, aber viel zu leicht blendet man den Prozess komplett aus, der dorthin geführt hat. Der jamaikanische Sprintstar ist ja nicht als Weltrekordhalter geboren worden. Er war kein Ausnahmetalent, sondern hat sich jeden einzelnen Titel hart erarbeitet. Für die drei Minuten, die er kumuliert im Rampenlicht stand, hat er über zwanzig Jahre hart trainiert. Jeden einzelnen Tag. Bis zur Erschöpfung. Hat sich für ein Leben voller Entbehrungen entschieden, auf viele Annehmlichkeiten verzichtet und alles seinem großen Traum untergeordnet, der beste Sprinter der Welt zu werden. Das Gleiche gilt auch für die Unternehmerin und den Nachbarn. Auch sie sind nicht etwa durch Zufall erfolgreich geworden, sondern haben das Glück erzwungen. Indem Sie den Fokus auf mutige Entscheidungen, eine gute Vorbereitung und Durchhaltevermögen gelegt haben. Doch diese Dinge werden oftmals nicht gesehen. Dabei sind es insbesondere die schlaflosen Nächte, die vielen Selbstzweifel und die zahlreichen Misserfolge, die der Grund dafür sind, dass die daraus resultierenden Erfolge lapidar mit «Glück» tituliert werden.

Aus all diesen Überlegungen ergeben sich drei zusammenfassende Gedanken:

1) Widerstehen Sie dem Drang, sich mit anderen Menschen zu vergleichen. Nicht mit denen, die schon zehn Jahre Vorsprung haben, aber auch nicht mit denen, die Sie vor geraumer Zeit überholt haben. Wenn Sie sich schon vergleichen wollen, dann einzig und allein mit der bestmöglichen Version von sich selbst. Ihr ganz persönliches Potenzial sollte der einzig wichtige Maßstab sein.

2) Vergessen Sie niemals: Sobald Sie sich auf den Prozess und nicht auf ein konkretes Ergebnis fokussieren, werden Sie mit einer nie dagewesenen Gelassenheit durchs Leben gehen. Weil Sie sich den Druck nehmen und stattdessen Freude am kreativen Erschaffen haben.

3) Auch wenn Glück nicht planbar ist, so können Sie ihm doch ein wenig auf die Sprünge helfen. Je häufiger Sie mutige Entscheidungen treffen, unbekannte Wege beschreiten und dies mit einer großen Portion Hartnäckigkeit kombinieren, desto häufiger werden Sie Dinge in Ihrem Leben erreichen, die von anderen Menschen dann als Glück tituliert werden. Die Faustformel lautet:

Glück entsteht, wenn Mut, Fleiß
und Hartnäckigkeit auf die passende
Gelegenheit treffen.

Ich wünsche Ihnen für Ihre Zukunft alles Glück dieser Welt. Aber selbst, wenn Sie ab sofort wie Gustav Gans aus Entenhausen all das anziehen, von dem Sie träumen und was Sie sich wünschen, werden Sie trotzdem von Zeit zu Zeit in Situationen geraten, die Sie nerven, frustrieren oder sogar richtig wütend machen. Der letzte Baustein dieses Kapitels ist daher eine geniale Mentaltechnik, mit der Sie aus diesen Momenten gelassen und befreit herausgehen können.

FÜNF MINUTEN JAMMERN IST OKAY

Gelassenheit, eine tiefe innere Ruhe und die Bereitschaft, mit Pauken und Trompeten zu scheitern, haben große Auswirkungen auf Ihre Lebensqualität. Diese Eigenschaften helfen Ihnen nämlich enorm dabei, besser zu kommunizieren, nachhaltigere Beziehungen aufzubauen und auch im Job eine Menge Erfolgserlebnisse feiern zu können. Aber selbst die gelassensten Menschen haben in schöner Regelmäßigkeit mit einem Endgegner zu kämpfen, an dem sie sich verzweifelt die Zähne ausbeißen. Ich spreche von den Problemen im Alltag, die einen emotionalen Trigger in Ihnen auslösen. Bei denen sich Ihr Puls innerhalb von wenigen Sekunden verdoppelt. Sie sich lautstark über die äußeren Umstände beschweren. Sich umgehend in die Opferrolle flüchten und im Selbstmitleid ertrinken, weil die komplette Welt sich mal wieder gegen Sie verschworen hat. Die Sie so sehr nerven und wütend werden lassen, dass Sie am liebsten laut schreien würden und dies oftmals sogar tun.

Sie wissen, von welchen Momenten ich spreche, nicht wahr? Wir alle kennen sie. Niemand ist davor gefeit. Doch wie so häufig im Leben haben Sie die Wahl. Wollen Sie sich zu einem HB-Männchen entwickeln, das bei jedem noch so kleinen Problem aufbrausend, wütend und hochemotional reagiert? Zu einem Miesepeter, der jammert, lamentiert und sich als Opfer der äußeren Umstände sieht und dabei überhaupt nicht mitbekommt, dass die Jammerei zu einer solchen Selbstverständlichkeit geworden ist, dass sie längst zu einem Teil des Problems geworden ist. Oder treffen Sie die Entscheidung, ganz bewusst mit diesen Situationen umzugehen, um sie am Ende sogar in etwas Positives zu transformieren? Falls Sie sich spontan von der zweiten Möglichkeit angezogen fühlen, dann möchte ich Ihnen gern eine kleine, aber extrem wirkungsvolle Regel vorstellen, mit der Sie genau das erreichen können.

Fünf Minuten Jammern ist okay!

Was meine ich damit? Schauen wir uns zur Erklärung noch einmal an, was in diesen Situationen auf mentaler Ebene geschieht.

Ein externes Problem triggert in Ihnen einen emotionalen Gefühlsausbruch. Sie reagieren mit Wut, Selbstmitleid, Zynismus oder Aggression. Je mehr Sie sich in das Problem hineinsteigern, desto intensiver wird auch Ihre Reaktion. Ehe Sie sich versehen, befinden Sie sich in einer sich selbstverstärkenden Negativspirale, aus der es nur schwer ein Entkommen gibt. Sie drehen sich so schnell und intensiv um das Problem, dass es so gut wie unmöglich geworden ist, eine Lösung zu finden. Doch wie sagte Albert Einstein so schön: «Probleme kann man niemals mit derselben Denkweise lösen, durch die sie entstanden sind.» Oder in meinen Worten:

Sie können entweder Teil der Lösung oder Teil des Problems sein, niemals aber beides gleichzeitig.

Diese Erkenntnis machen wir uns nun zunutze und unterbrechen den unbewusst ablaufenden Prozess rechtzeitig, sodass es gar nicht erst zu der gefährlichen Negativspirale kommen kann. Dies geschieht in den folgenden fünf Schritten:

SCHRITT 1: ACHTSAMKEIT
Nutzen Sie den Erfolgsfaktor «Bewusstheit» und nehmen Sie wahr, wenn Sie in eine Problemsituation geraten, die eine emotionale Reaktion in Ihnen triggert.

SCHRITT 2: AKZEPTANZ
Akzeptieren Sie, dass Sie keine Maschine sind, sondern ein Mensch mit Fehlern und vor allem mit Gefühlen.

SCHRITT 3: DAMPF ABLASSEN
Erteilen Sie sich jetzt die Erlaubnis, fünf Minuten hemmungslos zu jammern. Lassen Sie richtig Dampf ab. Schreien Sie laut. Hauen Sie mit der Faust auf den Tisch. Boxen Sie gegen einen Sandsack. Tun Sie, was immer Ihnen hilft. Haben Sie

keine Hemmungen, sondern machen Sie Ihrem Ärger richtig Luft. Dies ist extrem wichtig für Ihre mentale Hygiene, denn dauerhaft aufgestaute Emotionen führen langfristig nur zu Magengeschwüren, Stress und einem permanenten Zustand der Unzufriedenheit.

SCHRITT 4: ENTSCHEIDUNG
Nachdem Sie fünf Minuten bewusst so viel Dampf wie möglich abgelassen haben, atmen Sie noch einmal tief durch. Im Anschluss treffen Sie dann, ebenfalls ganz bewusst, die Entscheidung, mental einen Schalter umzulegen.

SCHRITT 5: FOKUS AUSRICHTEN
Sagen Sie sich innerlich in einem motivierenden Tonfall: «Ab JETZT lasse ich alles los, was ich nicht kontrollieren kann, und fokussiere meine gesamte Energie auf eine mögliche Lösung.»

Selbst wenn Sie in dem Moment noch überhaupt keine Idee haben, wie diese Lösung aussehen könnte, haben Sie mit dem bewussten Shift Ihres Fokus den entscheidenden Schritt bereits getan. Helfen können Ihnen jetzt die berühmten «W-Fragen»:

- Wie könnte eine mögliche Lösung aussehen?
- Was muss ich noch lernen, um das Problem lösen zu können?
- Wer könnte mich unterstützen?
- Welches Wissen oder welche Fähigkeiten fehlen mir noch?
- Wann habe ich schon mal ein ähnliches Problem gelöst?

Durch die offenen Fragen kann Ihr Gehirn gar nicht anders, als sich auf die Suche nach einer möglichen Antwort zu machen. Ehe Sie sich versehen, wird die Lösung immer klarer, greifbarer und größer, während das ehemals riesig erscheinende Problem zunehmend irrelevant wird. Danach gibt es nur noch eins zu tun: Ihre neu gewonnene Gelassenheit nicht nur zu genießen, sondern als Erfolgsfaktor des «UnChange-Mindsets» ganz bewusst zu nutzen. Für jede Form von Veränderungen. Für den Umgang mit schwierigen Situationen und natürlich auch beim (Aus-)Leben Ihrer Träume. Der amerikanische Theologe Reinhold Niebuhr hat den folgenden Wunsch geäußert: «Lieber Gott, gib mir die Gelassenheit, die Dinge hinzunehmen, die ich nicht ändern kann, den Mut, diejenigen zu ändern, die ich ändern kann, und die Weisheit, die beiden Kategorien voneinander zu unterscheiden.» Doch unabhängig davon, ob Sie religiös sind oder nicht, mit den Ideen und Techniken aus diesem Kapitel sind Sie in der Lage, diese Gelassenheit selbst zu entwickeln. Wenn Sie es mit dem persönlichen Wachstum und dem Umsetzen der notwendigen Veränderungen ernst meinen, dann sind Sie es sich auch schuldig. Ohne jeglichen Druck, sondern einfach, weil Sie es wollen und um die enorme Wirkung wissen. Ihre Lebensqualität hängt von dem Ausmaß an Wachstum ab, mit dem Sie dauerhaft komfortabel leben können.

MINDSET-MEMO

DIE 5 WICHTIGSTEN IDEEN DES KAPITELS

1 Je selbstverständlicher Sie mit dem Thema Scheitern umgehen, desto größer die Wahrscheinlichkeit, dass Sie erfolgreich sein werden.

2 Die Anzahl Ihrer Fehler ist ein direkter Spiegel Ihres Erfolgs in sämtlichen Lebensbereichen.

3 Die Frage «Was würden Sie tun, wenn Sie wüssten, dass Sie auf jeden Fall scheitern werden?» führt Sie zu den Zielen, Vorhaben und Träumen, für die Sie so sehr brennen, dass Sie bereit wären, sie auch ohne ein erfolgreiches Ergebnis in Angriff zu nehmen.

4 Glück entsteht, wenn Mut, Fleiß und Hartnäckigkeit auf die passende Gelegenheit treffen.

5 Nutzen Sie die Regel des «5 Minuten Jammern sind okay». Sie können entweder Teil der Lösung oder Teil des Problems sein, niemals aber beides gleichzeitig.

KAPITEL 7

HERZBLUT – LEIDENSCHAFTLICH LEBEN

In den 40er-Jahren des vergangenen Jahrhunderts wuchs im US-Bundesstaat Tennessee ein Junge in sehr einfachen Verhältnissen auf. Weil er in der falschen Straße im falschen Stadtviertel wohnte, hatte er so gut wie keine Freunde, wurde in der Schule von den anderen Kindern gemieden und führte ein Außenseiterdasein im gesellschaftlichen Abseits. Dafür besaß er etwas, was ihn von allen anderen unterschied. Tief in diesem kleinen Jungen brannte die Flamme der Leidenschaft lichterloh und er hatte es sich schon früh im Leben in den Kopf gesetzt, es zu etwas Besonderem zu bringen. Jemand zu sein und der Welt den Stempel seiner Persönlichkeit aufzudrücken. Seine große Liebe war die Musik, der er jede freie Minute widmete. Die Startvoraussetzungen hätten schlechter nicht sein können. Er besaß zwar eine uralte Gitarre vom Dachboden seiner Eltern, wusste aber weder, wie man diese stimmt, noch wie man einen Akkord greift. Trotzdem verfolgte er seinen Traum mit einer riesigen Portion Herzblut. Vor seinem geistigen Auge sah er sich schon auf einer Bühne in Nashville stehen, während ihm das Publikum zujubelte.

Mit einer beeindruckenden Hartnäckigkeit gelang es ihm, den Cousin seines einzigen Freundes – den Musiker Lonzo Green – dazu zu überreden, ihm das Gitarrespielen beizubringen. Anfangs stimmte dieser aus reinem Mitleid zu, ließ sich aber schnell von dem leidenschaftlichen Eifer seines Schülers anstecken, der wie ein Besessener übte und schnell Fortschritte machte. Sollten Sie sich jetzt fragen, warum ich Ihnen all dies erzähle, dann kommt hier die entscheidende Information: Der Name des kleinen Jungen lautete nämlich Elvis Presley, der viele Jahre später nicht nur der Erfinder des Rock 'n' Roll werden, sondern eine ganze Generation mit seinem Musikstil und insbesondere seiner Leidenschaft prägen sollte.

Ich mag diese Anekdote so sehr, weil sie zeigt, welchen riesigen Unterschied es macht, wenn Sie lieben, was Sie tun. Natürlich spielen Fleiß, Talent und handwerkliche Fähigkeiten immer eine wichtige Rolle. Wenn diese Faktoren allerdings ausreichend vorhanden sind, dann machen andere Dinge den entscheidenden Unterschied. Das Herzblut, mit dem Sie die kleinen und großen Aufgaben des Alltags angehen. Die Leidenschaft für Ihren Beruf. Die Hingabe für vermeintlich gewöhnliche Tätigkeiten. Schlussendlich natürlich auch die positive Besessenheit, wenn es darum geht, die Zukunft bei den Hörnern zu packen und die eigenen Träume zu leben.

Ich meine damit die Intensität, mit der Greta Thunberg den Politikern der Vereinten Nationen die Worte *How dare you?* entgegenschleuderte, um sie auf die drohende Klimakatastrophe aufmerksam zu machen. Ich spreche von dem inneren Feuer, das Bruce Springsteen immer wieder von Neuem dazu bringt, auf seinen Konzerten so viele Zugaben für seine Fans zu geben, dass er regelmäßig völlig erschöpft von der Bühne getragen werden muss. Die Aufzählung wäre nicht vollständig, wenn ich nicht auch Roger Federers Begeisterung für den Tennissport erwähnen würde, die dazu geführt hat, dass er für einen Rekordzeitraum von 237 Wochen die Nummer eins der Weltrangliste belegte.[43] Eines seiner Fernsehinterviews ist mir bis heute im Gedächtnis geblieben. Als ihn ein Reporter nach seinem Erfolgsgeheimnis fragte, antwortete der Maestro voller

Bescheidenheit: «*Ich liebe es einfach, Tennis zu spielen! Ich kann mir nichts Erfüllenderes vorstellen, als den ganzen Tag Tennis zu spielen. Wenn es regnet und ich nicht spielen kann, dann bekomme ich schlechte Laune. Sobald wir dann in die Halle gehen und ich Bälle schlagen kann, bin ich wieder glücklich. Sie wollen wissen, warum ich so erfolgreich bin? Ich glaube, dass es auf der ganzen Welt keinen Menschen gibt, der Tennis so sehr liebt, wie ich es tue.*»

Liebe Leserinnen und Leser, wenn ich Sie an dieser Stelle fragen würde, was Sie mehr lieben als jeder andere Mensch, könnten Sie mir dann direkt eine Antwort geben? Es lohnt sich, etwas länger darüber nachzudenken, denn wenn Sie eine Aufgabe, ein Thema oder eine ganz normale Alltagstätigkeit mit einer großen Portion Leidenschaft angehen, dann führt das in letzter Konsequenz zu einem Ergebnis, das der Philosoph Gregory Bateson einst als *den Unterschied, der einen Unterschied macht* bezeichnete. Der Erfolgsfaktor «Herzblut» führt dazu, dass Sie charismatischer wirken, die Menschen um Sie herum mit Ihrer Begeisterungsfähigkeit anstecken und die Zufriedenheit in Ihrem Leben dramatisch zunimmt. Dies liegt daran, dass eine ausgeprägte Leidenschaft Sie fast wie von selbst mit der notwendigen Motivation versorgt, um Ihre Träume wesentlich einfacher in die Tat umsetzen zu können.

Die Ergebnisse, die Sie im Leben erzielen, werden nämlich entscheidend davon beeinflusst, wie sehr Sie lieben, was Sie tun. Die Qualität Ihrer Beziehungen, Ihrer Finanzen, Ihrer Gesundheit und insbesondere Ihres Jobs hängt direkt mit der Intensität Ihrer Leidenschaft zusammen. Ich möchte Sie mit diesem Kapitel gern dazu einladen, einmal zu überprüfen, wie es um den sechsten Erfolgsfaktor in Ihrem Alltag steht, um dann im zweiten Schritt hoffentlich die Entscheidung zu treffen, diese emotionale und nicht immer ganz greifbare Komponente des «UnChange-Mindsets» ganz bewusst einzusetzen und auszubauen. Sie werden feststellen, dass Sie sich damit automatisch von einem Großteil der Gesellschaft absetzen werden.

Herzblut und Leidenschaft sind nämlich die wohl stärksten Antreiber, die Sie sich vorstellen können. Die komplette Hingabe für eine bestimmte Aufgabe, eine bestimmte Situation oder einen bestimmten Moment führt dazu, dass die biochemischen Prozesse in Ihrem Gehirn einen ganz besonderen Cocktail entstehen lassen. Das Resultat? Energievolle Zustände, ansteckende Begeisterungsfähigkeit und unbändiger Tatendrang sind plötzlich nicht mehr die seltene Ausnahme, sondern vollkommene Normalität in Ihrem Alltag geworden. Zeitgleich geschieht noch etwas Faszinierendes, wenn Ihr inneres Feuer nicht mehr unterdrückt wird, sondern lichterloh an der Oberfläche brennen darf: Die berühmte Unterscheidung zwischen «Work» und «Life» verliert immer mehr an Relevanz. Einfach weil Sie sich stattdessen ein Leben erschaffen, das Sie in die Lage versetzt, in jedem einzelnen Moment Ihre Persönlichkeit auszudrücken, Ihre Werte zu leben und das zu tun, was Sie lieben. Klingt das nach einer erstrebenswerten Zukunft? Dann lassen Sie uns tiefer in den Kaninchenbau der Leidenschaft eintauchen.

NUR MITTELMASS IST ANSTRENGEND

Haben Sie auch eine oder mehrere Bezugspersonen, die Sie als Kind besonders beeinflusst haben? Bei mir war es definitiv mein Großvater. Leider sind viele Erinnerungen an unsere gemeinsame Zeit im Laufe der Jahre verblasst. Dafür sind andere so präsent, als würde er immer noch leben. Neben dem geduldigen Stopfen seiner Pfeife und der Leidenschaft für frisch zubereiteten Pudding ist es vor allem ein Satz, den er so häufig wiederholt hat, dass sich die Worte bis heute in mein Gedächtnis eingebrannt haben: «Ilja, was auch immer Du vorhast. Egal ob es sich um etwas Großes oder Kleines handelt. Ob es wichtig oder unwichtig ist. Ob Du es für Dich oder für andere Menschen tust. Mach es gut oder mach es gar nicht. Alles andere ist nur Wischiwaschi.» Bis heute bin ich froh, dass ich mir dieses Mantra nicht nur zu Herzen genommen, sondern es im Laufe der Jahre zu meiner eigenen Version weiterentwickelt habe. Diese möchte ich gern mit Ihnen teilen, denn sie bringt sämtliche Ideen dieses Kapitels in einem einzigen Satz auf den Punkt:

Egal was Sie im Leben vorhaben. Ob es sich um ein großes Projekt oder eine kleine Alltagstätigkeit handelt. Ob es wichtig oder vermeintlich unwichtig ist. Ob Sie es für sich selbst oder für jemand anderen machen. Tun Sie es mit Herzblut. Oder lassen Sie es bleiben.

Wenn Sie diesen vermeintlich kleinen *Mindset*-Shift nicht nur in seiner vollen Gänze verstehen, sondern zum Nordstern Ihres täglichen Handelns werden lassen, dann werden Sie nicht nur eine deutliche Zunahme an Leichtigkeit und Selbstvertrauen spüren, sondern auch über eine nachhaltig ausgeprägte Motivation verfügen. Dies ist übrigens keine theoretische Überlegung, sondern lässt sich immer wieder in den verschiedensten Kontexten beobachten. Haben Sie Lust auf ein Beispiel, das den Unterschied zwischen Herzblut und Gleichgültigkeit perfekt beschreibt? Auch wenn ich mittlerweile seit 14 Jahren selbstständig bin, denke ich noch oft und gern an meine Zeit als Warenhausgeschäftsführer zurück. Denn bei allen Krisen und Veränderungen, die wir damals bewältigen mussten, war es doch eine sehr schöne Zeit. Dies lag vor allem an den vielen tollen Menschen, mit denen ich an den verschiedenen Standorten zusammenarbeiten durfte. Zwei davon sind mir besonders im Gedächtnis geblieben. Erika Riebesehl (was nicht ihr richtiger Name ist) arbeitete in der Abteilung Heimtextilien und war dafür bekannt, dass sie das berühmte Glas des Lebens grundsätzlich halb leer sah. Dies führte wohl auch dazu, dass sich ihre Mundwinkel im Laufe der Jahre immer mehr nach unten neigten. Sie hatte nie wirklich Spaß an der Arbeit, absolvierte maximal Dienst nach Vorschrift und machte sich mit einer faszinierenden Hartnäckigkeit auf die Suche nach Dingen, über die sie sich aufregen konnte. Wir alle kennen es: Wer aktiv nach Problemen sucht, der findet diese natürlich auch zuverlässig.

Die Begegnungen mit Erika Riebesehl liefen fast immer nach dem gleichen Muster ab. Wenn ich sie morgens im Personalgang traf, lächelte ich sie an und fragte freundlich: «Guten Morgen, Frau Riebesehl, wie geht's Ihnen denn heute?» Als Antwort kam fast immer ein tiefer Seufzer, gefolgt von folgender Aussage: «Hach, noch acht Stunden, dann habe ich es endlich wieder geschafft!» In diesem Zeitraum beschwerte sie sich dann wirklich über alles: die Kunden, die Ware, die Werbung und über das Unternehmen an sich. Niemand konnte es ihr recht machen und sie war stets aktiv auf der Suche nach einer dunklen Wolke am sonnigen Himmel. Ihr Job war für sie eine einzige Bürde, die sie auslaugte, stresste und abends voller Erschöpfung nach Hause gehen ließ. Gemeinsam mit meinem Team versuchte ich wirklich alles, aber die negative Sicht auf ihre Tätigkeit als Verkäuferin und das Leben an sich hatte sich bereits so tief in ihre gesamte Persönlichkeit eingebrannt, dass sie sich konsequent weigerte, etwas zu verändern. Manche Menschen brauchen die Vielzahl an Problemen einfach, damit sie ihrem Umfeld permanent mitteilen können, wie schlimm ihnen das Schicksal doch mitgespielt hat. Für die Stimmung im Haus war es daher durchaus förderlich, als Erika Riebesehl eines Tages in Rente ging. Auf der offiziellen Verabschiedungsfeier fragte ich sie bei einem Glas Champagner: «Und, Frau Riebesehl, was machen Sie denn jetzt mit Ihrer neu gewonnen Zeit?» Natürlich kam zuerst wieder der obligatorische Seufzer, gefolgt von einem unbewussten Herunterziehen der Mundwinkel, bevor sie dann sagte: «Ach, Herr Grzeskowitz, was soll ich schon machen? Ich hatte ja die letzten 40 Jahre außer meinem Job hier nichts.» Auch wenn Erika Riebesehl für so manches meiner damals vermehrt sprießenden grauen Haare verantwortlich war, so erfüllte mich diese Aussage doch mit einer tiefen Traurigkeit.

Das genaue Gegenteil dieser Dauernörgel-Mentalität war Werner Popp, der seinen Job mit einer lebensbejahenden Leidenschaft absolvierte, und das, obwohl er viele Gründe gehabt hätte, sich zu beschweren. Als Leiter der Warenannahme war er häufig der erste oder letzte Mitarbeiter, der vor Ort war. Er kümmerte sich um die Müllentsorgung, die Verräumung von Ware und musste regelmäßig in extremer Kälte oder in schweißtreibender Hitze arbeiten. Ja, man könnte behaupten, dass sein Job nicht wirklich sexy war. Trotzdem übte er ihn mit einer ansteckenden Hingabe aus. Er hatte stets ein Lächeln auf den Lippen, war immer für einen Scherz gut und unterstützte seine Kollegen, wo er nur konnte. Es war eine wahre Freude, mit Herrn Popp zu arbeiten, weil er selbst die kleinsten Tätigkeiten mit einer riesigen Portion Herzblut erledigte. Als er in den Ruhestand ging, fragte ich ihn ebenso, was er denn als Pensionär vorhabe. Sofort begannen seine Augen zu leuchten, bevor er in tiefstem Berliner Dialekt antwortete: «Wissen Sie, Herr Grzeskowitz, als Erstes werde ich mit meiner Frau nach Australien reisen, denn davon träumen wir schon so lange. Dann habe ich ja noch meinen Garten, bin im Tennisverein als Kassenwart aktiv und habe eine riesige Liste von Träumen, die ich mir im Leben noch erfüllen will. Ich habe noch so viel vor und freue mich riesig auf die kommenden Jahre.»

Ich feiere das *Mindset* von Herrn Popp auch heute noch. Weil es deutlich zeigt, dass die generelle Zufriedenheit im Leben sowohl eine bewusste Entscheidung als auch immer ein direkter Spiegel unseres inneren Feuers ist. Noch etwas können wir für uns mitnehmen: Eine Tätigkeit, das eigene Arbeitsumfeld oder ein ganzer Job ist immer nur dann gewöhnlich, wenn wir uns dazu entscheiden, ihn so zu bewerten. Wenn wir uns hingegen entscheiden, auch die vermeintlich kleinen Aufgaben mit Leidenschaft und Hingabe zu erledigen, dann führt dies zwangsläufig zu einem hohen Grad an Bedeutung.

Allerdings beschleicht mich das Gefühl, dass Menschen wie Werner Popp immer mehr zu Exoten werden, während die Erika Riebesehls dieser Welt stellvertretend für die zunehmende Unzufriedenheit vieler Menschen stehen. Als Change-Rebell ist es daher entscheidend, dass Sie die Entscheidung treffen, sich von der immer weiter ausbreitenden Unzufriedenheit, Berufsempörtheit und Negativität in der Gesellschaft nicht anstecken zu lassen. Ein Leben zu führen, das diesen Namen auch wirklich verdient. Es mit Haut und Haaren zu genießen und Ihre Zukunft aktiv und voller Leidenschaft zu gestalten, anstatt die Launen des Schicksals passiv über sich ergehen zu lassen. Dies gilt insbesondere für Ihren Beruf. Würden Sie mir zustimmen, dass das Leben einfach zu kurz ist, um es mit einem Job zu verschwenden, der keinen Spaß macht, langweilt und Sie gleichzeitig eine Menge Kraft kostet? Dann kommt hier eine weitere große Idee:

Nur Mittelmaß ist anstrengend und frustriert.
Herzblut führt zu mehr Leichtigkeit, Energie
und nachhaltiger Motivation.

Wann immer Sie etwas nur mit halbem Herzen tun, werden Sie sich schlapp, ausgelaugt und wenig motiviert fühlen. Sobald Sie sich hingegen trauen, Ihr inneres Feuer lichterloh brennen zu lassen, werden Sie nicht nur Ihre eigene Zufriedenheit dramatisch steigern, sondern auch die Menschen um Sie herum mit Ihrer Begeisterungsfähigkeit anstiften, es Ihnen gleich zu tun. Es ist daher an der Zeit, die Entwicklung von Leidenschaft und Herzblut nicht dem Zufall zu überlassen. Diese beiden Eigenschaften zu einem roten Faden Ihres Wirkens werden zu lassen und sie sowohl bei den großen und wichtigen Aufgaben einzusetzen als auch bei den vermeintlich kleinen Tätigkeiten. Ganz gleich, an welchem Punkt Ihres Lebens Sie aktuell stehen, wenn Sie es zu einem Meisterwerk machen wollen, dann geht es ohne die emotionale Hingabe für den Moment ganz einfach nicht. Oder wie es Prinzessin Elisabeth zu Wied, die spätere Königin von Rumänien, treffend auf den Punkt brachte: «Das Leben ist eine Kunst, in der man nur zu oft ein Dilettant bleibt. Um die Meisterschaft zu erringen, muss man sein Herzblut vergießen.» Genau das wollen wir jetzt tun.

DAS INNERE FEUER ENTFACHEN

Geringe Ansprüche, Negativität und Gleichgültigkeit führen zu Frust und Unzufriedenheit, während echte Leidenschaft ungeahnte Kräfte wecken kann. Aber woran erkennen Sie überhaupt, ob Sie gerade dabei sind, Ihr ganzes Herzblut in eine Tätigkeit zu legen? Typische Indikatoren sind die folgenden:

- Ihre Augen strahlen von ganz allein.
- Sie vergessen alles um sich herum.
- Ihr Herz schlägt schneller.
- Sie müssen keine Rolle spielen, sondern können ganz Sie selbst sein.

- Sie verspüren eine tiefe innere Motivation.
- Sie tun Dinge, weil sie wichtig sind, nicht um die Erwartungen anderer Menschen zu erfüllen.
- Es kribbelt in Ihrem Bauch.
- Sie spüren ein Gefühl von Dankbarkeit und Demut.

Ich weiß nicht, wie es Ihnen geht, aber mich erinnern all diese Symptome frappierend an den Zustand, wenn Sie hoffnungslos verliebt sind. Möglicherweise liegt es auch daran, dass ich mir kaum etwas Schöneres vorstellen kann, als sie so oft es geht und so intensiv wie nur irgend möglich zu erleben. Geht es Ihnen ähnlich? Dann lassen Sie uns Ihr inneres Feuer entfachen, indem wir uns die sechs wichtigsten Herzblut-Multiplikatoren anschauen.

HERZBLUT MULTIPLIKATOR 1: PRIORITÄTEN SETZEN
Je häufiger Sie die verschiedensten Tätigkeiten des Alltags mit Herzblut angehen, desto besser werden schlussendlich auch ihre Ergebnisse aussehen. Dies ist keine große Kunst, wenn es sich um die wirklich wichtigen Vorhaben handelt. Schwieriger ist es hingegen, auch die Dinge mit Leidenschaft zu erledigen, die wir alle am liebsten so schnell wie möglich hinter uns bringen würden. Ich rede vom Ausfüllen von Excel-Tabellen, dem Sortieren von Steuerbelegen, Geschirrspülen oder all den Aufgaben, die einfach nur stupide abgearbeitet werden müssen. Klare Prioritäten helfen hier. Lassen Sie sich nicht mehr auf halbe Sachen ein und machen Sie etwas entweder ganz (mit Herzblut) oder gar nicht. Ihre Energie und Motivation werden es Ihnen danken.

HERZBLUT MULTIPLIKATOR 2: DIE ART UND WEISE
Erinnern Sie sich noch daran, wie Bedeutung entsteht? Richtig, Sie müssen den Sinn in Tätigkeiten, Dinge und Jobs hineingeben. Es ist also entscheidend, auf welche Art und Weise Sie

eine Aufgabe erledigen. Ob Sie dies halbherzig und vielleicht sogar gelangweilt tun oder mit einer ansteckenden Leidenschaft. Ich bewundere sämtliche Menschen, die ihren Beruf mit genau diesem *Mindset* angehen. Lehrerinnen, die ihre Schüler so behandeln, als wäre jeder einzelne von ihnen ein Genie. Steuerberater, die mit Zahlen jonglieren, als gäbe es auf der Welt nichts Schöneres. Ärztinnen, die sich für ihre Patienten ausreichend Zeit nehmen, auch wenn das Wartezimmer überfüllt ist, oder Hotelmitarbeiter, die ihren Gästen an der Rezeption das Gefühl geben, in einem zweiten Zuhause eingecheckt zu haben. Wie auch immer Ihr ganz persönlicher Job aussieht: Erledigen Sie sämtliche Aufgaben stets mit maximaler Hingabe, denn dadurch erhalten auch die vermeintlich unwichtigen Dinge eine große Bedeutung.

HERZBLUT MULTIPLIKATOR 3: DIE MENSCHEN IN IHREM UMFELD

Würden Sie mir zustimmen, dass es ein extrem kraftvoller Motivator sein kann, anderen Menschen etwas Gutes zu tun? Dies können Ihre Kunden, Ihre Kollegen, Ihre Geschäftspartner, aber auch Ihre Familie und Freunde sein. Ich könnte es niemals so gut formulieren wie Zig Ziglar, der gesagt hat: «Du kannst alles im Leben haben, was Du willst. Wenn Du nur genug anderen Menschen dabei hilfst, das zu bekommen, was sie wollen.» Wie recht er doch hatte. Wenn ich mich wieder einmal in einem Zustand befinde, der von wenig Energie und Motivation gekennzeichnet ist, dann muss ich nur einen Blick auf das Bild meiner beiden Töchter auf dem Schreibtisch werfen. Im Bruchteil eines Augenblicks ist mein Herzblut wieder da. Weil ich weiß, für wen ich jeden einzelnen Tag aufstehe und versuche, mein Bestes zu geben.

HERZBLUT MULTIPLIKATOR 4: DAS PERSÖNLICHE NEW YORK IM LEBEN

Sobald Sie Ihr persönliches New York im Leben, Ihren Purpose oder Ihr starkes WARUM gefunden haben, fallen sämtliche

Dominosteine auf einmal von ganz allein. Lassen Sie mich erklären, was ich damit meine: In meinem Job als Keynote-Speaker gibt es eine Menge Faktoren, die ich nicht so wirklich mag. Das Warten am Flughafen, überfüllte und verspätete Züge, einsame Nächte in anonymen Hotelzimmern, die monatliche Buchhaltung oder diverse andere administrative Tätigkeiten. Dafür liebe ich es, auf der Bühne zu stehen und Organisationen dabei zu unterstützen, eine positive Kultur der Veränderung zu etablieren. Ich liebe es, Menschen dabei zu helfen, Ihre Träume zu leben und Ihre Ziele mutig anzugehen. Außerdem liebe ich es, mit meinen Büchern einen kleinen Beitrag zu leisten, die Welt ein kleines Stückchen besser zu hinterlassen, als ich sie vorgefunden habe. Dieser kraftvolle Purpose führt ganz automatisch dazu, dass ich das *WIE* und das *WAS* voller Leidenschaft angehe, und zwar nicht nur in den Highlight-Momenten, sondern auch in den Situationen, die mir grundsätzlich nicht besonders viel Freude bereiten.

HERZBLUT MULTIPLIKATOR 5: DIE EIGENEN WERTE LEBEN

Haben Sie sich jemals gefragt, woran es liegt, dass Sie manchmal unmotiviert, lustlos und ohne jegliche Energie sind? Die Ursache mag Sie überraschen: Ihr Verhalten und Ihre wichtigsten Werte befinden sich in einem Konflikt. Dieser Zustand tritt zumeist dann ein, wenn Sie die Ziele anderer Menschen verfolgen, versuchen, den Erwartungen Ihres Umfelds gerecht zu werden, und eine unbequeme Maske tragen, die mit Ihrer tatsächlichen Persönlichkeit überhaupt nichts zu tun hat. Die Lösung klingt in der Theorie einfach, ist aber durchaus herausfordernd. Machen Sie eine radikal ehrliche Analyse und werden Sie sich Ihrer wichtigsten Werte bewusst. Ich rede hier nicht von denjenigen, die gesellschaftlich akzeptiert sind, sich gerade im Trend befinden oder die andere Menschen von Ihnen erwarten. Ich rede von den Werten, die für Sie essenziell und grundsätzlich nicht verhandelbar sind. Sobald Sie Klarheit haben, gilt es, diese Werte zu leben. Jeden einzelnen Tag. Dies ist nicht immer ganz leicht, aber es lohnt sich sehr. Denn wenn sich Ihr Handeln und Ihre Werte im Einklang befinden, dann müssen Sie sich über Leidenschaft und Herzblut keine Gedanken mehr machen.

HERZBLUT MULTIPLIKATOR 6: DANKBARKEIT

Zu guter Letzt möchte ich Ihnen noch eine Art Geheimwaffe des Herzbluts vorstellen. Sie ist so wirkungsvoll, weil sie leider so überaus selten geworden ist. Die meisten Menschen sind zwar Weltmeister darin, sich über all das zu beschweren, was Ihnen vermeintlich fehlt, vergessen dabei aber gleichsam die Dinge, die sich bereits in ihrem Leben befinden. Sobald Sie beginnen, dieses Mangeldenken zu verbannen und durch Dankbarkeit für die unterschiedlichsten Wunder des Alltags zu ersetzen, wird sich nicht nur Ihre Leidenschaft dramatisch erhöhen, sondern Ihre Lebensqualität insgesamt. «Aber Ilja, wofür soll ich schon dankbar sein? Ich muss nämlich jeden einzelnen Tag ganz schön kämpfen.» Gut, dass Sie fragen. Hier daher einige Beispiele, wofür es sich lohnt, ganz bewusst dankbar zu sein:

- Die Menschen in Ihrem Leben.
- Ihre Gesundheit.
- Dass Sie ein Dach über dem Kopf und einen vollen Kühlschrank haben.
- All das, was Sie in Ihrem Leben schon erreicht haben (machen Sie gern mal eine Liste, es ist so viel mehr, als Sie denken).
- Dass Sie Zugang zu Trinkwasser und Elektrizität haben.
- Die Kunden, für die Sie tolle Projekte abwickeln dürfen.
- Die unzähligen Chancen und Möglichkeiten, die nur darauf warten, von Ihnen ergriffen und genutzt zu werden.

Ich empfehle Ihnen sehr, diese kleine Aufzählung unbedingt noch mit weiteren Beispielen zu ergänzen. Wann immer Sie zukünftig in Versuchung geraten, sich mal wieder über irgendeine Kleinigkeit aufzuregen, reicht eine Erinnerung an die Liste, um Sie daran zu erinnern, wie unwichtig das vermeintliche Problem doch ist und wie dankbar Sie sich schätzen können, einen weiteren Tag auf dieser wunderbaren Erde geschenkt zu bekommen.

Wenn Sie die einzelnen Herzblut-Multiplikatoren miteinander kombinieren, dann können Sie das Leben in vollen Zügen, insbesondere aber mit maximaler Leidenschaft und einer großen Portion Herzblut genießen.

Tun Sie das, was Sie erfüllt.
Und zwar so oft wie möglich.

Je mehr Sie für eine Sache brennen, desto besser werden Sie darin und auch Ihre Ergebnisse werden sich entsprechend anpassen. Wird es dadurch leichter? Nein, auch wenn es bei Menschen, die von Herzblut getrieben sind, von außen immer so mühelos und einfach aussieht, ist dies leider nicht der Fall. So leid es mir tut, das Leben wird niemals leichter. Stattdessen führt das «UnChange-Mindset» zu einer persönlichen Entwicklung, die Sie in die Lage versetzt, besser darin zu werden, die harten Aufgaben zu meistern und mit schwierigen Situationen umzugehen. Alles steht und fällt mit Ihrem inneren Feuer. Wie man dieses regelmäßig einem Check-up unterziehen kann, hat Steve Jobs einst in einem Interview verraten: «In den letzten 33 Jahren habe ich jeden Tag in den Spiegel geschaut und mich gefragt: Wenn heute der letzte Tag meines Lebens wäre, würde ich dann tun wollen, was ich heute tun werde? Und immer, wenn die Antwort für zu viele Tage hintereinander ‚Nein' lautete, wusste ich, dass ich etwas verändern muss.» Wie würde Ihre Antwort am heutigen Tag lauten?

DIE KUNST, SICH OHNE GRUND GUT ZU FÜHLEN

Zum Abschluss des Kapitels möchte ich Ihnen noch eine Technik vorstellen, mit der Sie sich jederzeit in einen Zustand versetzen können, der von Leidenschaft und Herzblut geprägt ist. Ich spreche von der Fähigkeit, sich ohne Grund gut zu fühlen. Einfach so. Nicht, weil Ihnen etwas Schönes passiert. Nicht, weil Sie sich über das Verhalten eines anderen Menschen freuen, und auch nicht, weil Sie ein besonderes Erfolgserlebnis haben. Die große Masse ist nämlich so darauf konditioniert, sich grundsätzlich schlecht zu fühlen, dass sie im Laufe der Zeit vergessen hat, dass sich gut zu fühlen nicht nur der Normalzustand sein sollte, sondern dass man diesen auch aktiv herbeiführen kann. Haben Sie Lust, dass wir uns anschauen, wie das geht?

Dann möchte ich Sie gern zu einem kleinen Gedankenexperiment einladen. Denken Sie doch einmal an die drei besten und die drei schlechtesten Entscheidungen des letzten Jahres zurück. Haben Sie die jeweiligen Situationen vor Ihrem geistigen Auge? Sehr schön. Was war der Unterschied zwischen den beiden Kategorien? Obwohl natürlich verschiedene Faktoren eine Rolle spielen, ist der wichtigste immer Ihr emotionaler Zustand, aus dem heraus Sie Ihre Entscheidungen treffen. Obwohl wir uns durchaus gern einreden, dass wir Menschen rational handelnde Wesen wären, die ohne jede Ausnahme logisch und berechenbar handeln, ist das exakte Gegenteil der Fall. Weil wir eine hochemotionale Spezies sind, die sämtliche kleinen und großen Entscheidungen des Alltags ausschließlich auf Basis von Gefühlen, impulsiven Launen und inneren Bedürfnissen trifft.[44]

Welchen Grund gäbe es sonst, dass sich manche Menschen eine Birkin Bag für mehrere Zehntausend Euro kaufen, obwohl es eine günstige Ledertasche aus dem Kaufhaus um die Ecke auch tun würde? Warum brauchen Großstadteltern unbedingt einen riesigen SUV, nur um damit ihre Kinder in die 300 Meter entfernte Kita fahren zu können? Was bringt erwachsene Menschen dazu, sich einer Body-Modifikation zu unterziehen, die darin besteht, einen Gegenstand unter die Stirn pflanzen zu lassen, der die Form eines Bagels hat?[45]

Die Ursache ist in allen drei Beispielen identisch: intensive Emotionen. Weil diese dazu führen, dass man sich einzigartig fühlt, einen hohen Status erlangt oder Anerkennung von außen erhält. Natürlich würden diese Menschen dies niemals zugeben und würde man sie nach ihrem Antrieb fragen, so würden sie den Einfluss von Gefühlen entschieden verneinen und Ihnen stattdessen eine auf Zahlen, Daten und Fakten basierende Begründung präsentieren. Man spricht in diesem Fall auch von Postrationalisierung. Sollten Sie sich an dieser Stelle denken, dass Ihnen so etwas auf keinen Fall passieren könnte, dann irren Sie leider. So unterschiedlich wir Menschen auch sein mögen, so eint uns doch die Eigenschaft, dass wir durch die Bank weg auf der Basis von Gefühlen entscheiden. Und zwar immer. So sehr Ihr Charakter auch logisch geprägt sein mag, schlussendlich sind es immer die Emotionen, die Sie etwas bzw. nicht tun lassen. Machen Sie gern die Probe aufs Exempel. Haben Sie schon einmal etwas aus einer Laune heraus gekauft, was Sie gar nicht brauchten? Haben Sie jemals eine vermeintlich gute Gelegenheit verstreichen lassen, weil Ihr Bauchgefühl dagegensprach? Oder können Sie sich an eine Situation erinnern, in der Sie einem geliebten Menschen etwas verbal an den Kopf geworfen haben, was Sie direkt hinterher bereut haben?

Sie wissen, wovon ich spreche, nicht wahr? Ich gehe sogar noch weiter und behaupte, dass Sie noch niemals in Ihrem Leben eine gute Entscheidung aus einem negativen Zustand heraus getroffen haben. Doch zum Glück gilt auch das genaue Gegenteil. Je ausgeprägter der Faktor Herzblut, desto hochwertiger ist auch die Qualität Ihrer Entscheidungen. Was liegt da näher, als die Verantwortung für Ihre emotionalen Zustände zu übernehmen und diese nicht länger dem Zufall zu überlassen. Wie das am besten geht? Indem wir uns an Kapitel 4 erinnern und noch einmal einen Blick auf das limbische System des Gehirns werfen. Wie wir bereits wissen, ist dieses ausschließlich emotional gesteuert und verantwortlich für Ihre Gefühle, Ihre Zustände und damit auch für die Entscheidungsfindung. Eine geniale Metapher hierfür stammt von John LaValle, der den dort entstehenden biochemischen Cocktail als «Brain Juice» bezeichnet, was sich etwas holprig mit «Gehirnsaft» übersetzen lässt.[46] Dieser umgibt zusammen mit Wasser die Tausenden von Synapsen, zwischen denen sekündlich Signale über die berühmten Datenautobahnen gesendet werden. Je mehr Verbindungen Sie zwischen den einzelnen Speicherplätzen haben, desto leichter fällt es Ihnen, Zugang zu den unterschiedlichsten Informationen zu erhalten. Je häufiger eine solche Datenautobahn verwendet wird, desto breiter wird diese und es kommt im Laufe der Zeit zu Konditionierungen und damit zur Bildung von unbewussten Automatismen. So weit, so gut? Wunderbar.

Die Qualität des Brain Juice wird von den Neurotransmittern bestimmt, deren bekannteste Vertreter Adrenalin, Dopamin, Serotonin und das berühmte Glückshormon Endorphin sind. Jetzt schließt sich der Kreis langsam, denn je besser Ihre Zustände sind, desto mehr werden diese Botenstoffe ausgeschüttet, die dann wiederum zu noch besseren Gefühlen führen. Je häufiger dies geschieht, desto schneller erweitern sich die entsprechenden Datenautobahnen und neue Synapsen werden gebildet. Das limbische Gehirn trifft dann auf Basis der verschiedenen Glückshormone qualitativ hochwertige Entscheidungen, die sich im Äußeren in Herzblut und entsprechenden Ergebnissen widerspiegeln.

Es lohnt sich also, Ihre Zustände nicht dem Zufall zu überlassen und Ihren ganz persönlichen Brain Juice ganz bewusst und regelmäßig nur mit den besten Botenstoffen zu versorgen. Dafür sollten Sie allerdings nicht auf die seltenen Momente warten, wo dies von allein passiert. Ich empfehle Ihnen stattdessen, zu lernen, wie Sie sich jederzeit gut fühlen können. Einfach so und ohne jeglichen Grund. Je besser Sie dazu in der Lage sind, desto erfolgreicher werden Sie sein, wenn es richtig drauf ankommt. Je nach Situation benötigen Sie dafür natürlich unterschiedliche Zustände. In einem Verkaufsgespräch müssen Sie leidenschaftlich und überzeugend sein. In einer Prüfung konzentriert und fokussiert. Beim Sport motiviert und voller Energie. In einer Verhandlung klar und verbindlich. In Gesprächen mit Freunden empathisch und verständnisvoll. Beim Lernen neugierig und offen. In einer Präsentation leidenschaftlich und mitreißend.

So unterschiedlich diese einzelnen Zustände auch sein mögen, so verbindet sie doch eine Gemeinsamkeit: Je intensiver die jeweilige Emotion ist, desto besser fühlen Sie sich. Bedeutet auch: Je besser Sie sich fühlen, desto qualitativ hochwertigere Entscheidungen treffen Sie. Doch leider gibt es einen kleinen Haken. Da Sie keine Maschine sind, befinden Sie sich nicht immer im optimalen Zustand. Vor dem Verkaufsgespräch fühlen Sie sich unter Druck. Vor der Prüfung werden Sie von Nervosität geplagt. Vor dem wichtigen Wettkampf fehlt Ihnen die Energie. Vor der Verhandlung sind Sie unsicher. Im Gespräch mit Ihrer besten Freundin reagieren Sie ungeduldig und vor der alles entscheidenden Vorstandspräsentation leiden Sie unter starkem

Lampenfieber. Wäre es da nicht wünschenswert, wenn Sie in diesen Situationen Ihren Zustand mit einfachen Mitteln in die gewünschte Richtung lenken könnten? Dann möchte ich Ihnen nun eine meiner Lieblingsmentaltechniken vorstellen, die mir und vielen meiner Kunden seit Jahren treue Dienste leistet.[47] Sie besteht aus sieben Schritten, deren regelmäßige Anwendung Sie in die Lage versetzen werden, sich in herausfordernden Situationen in einem optimalen Zustand zu befinden.

JEDERZEIT IN GUTEN ZUSTÄNDEN:
DAS MIXEN IHRES BRAIN JUICE IN 7 SCHRITTEN

1. Fragen Sie sich, welcher Zustand für die anstehende Situation optimal wäre. In welchen Momenten in Ihrem Leben haben Sie diesen Zustand besonders intensiv erlebt? Lassen Sie die Erinnerungen so lebendig wie möglich werden, sodass Sie das dazugehörige Gefühl intensiv spüren.

2. Tauchen Sie in die Situation hinein und betrachten Sie alles aus Ihren eigenen Augen heraus. Was können Sie sehen? Was hören? Welche Gerüche und Geschmäcker nehmen Sie wahr? Am wichtigsten jedoch: Wie gut fühlen Sie sich? Je detaillierter Ihre Wahrnehmung, desto besser.

3. Konzentrieren Sie sich nun auf das gute Gefühl. Welche Form und Farbe hat es? (Ja, Gefühle haben tatsächlich eine Form und eine Farbe, überprüfen Sie das gern.) Lokalisieren Sie als Nächstes, wo genau dieses Gefühl seinen Ursprung hat. In welche Richtung bewegt es sich von dort und auf welche Art und Weise? Dreht es sich im Kreis, pulsiert es oder strahlt es in Wellen aus?

4. Intensivieren Sie nun die Bewegung und damit das gute Gefühl. Dabei werden Sie Folgendes feststellen: Je schneller sich ein Gefühl bewegt, desto intensiver wird es. Erhöhen Sie die Geschwindigkeit, bis Sie das Maximum an Intensität erreicht haben. Und dann? Tja, dann verdoppeln Sie das gute Gefühl noch einmal. Und noch einmal. So lange, bis Ihr gesamter Körper von einer riesigen Gefühlswelle ausgefüllt ist.

5. Wenn diese Welle an ihrem Höhepunkt angekommen ist, verknüpfen Sie dieses Gefühl mit einer bestimmten Bewegung (ballen Sie die Faust, strecken Sie die Arme nach oben, imitieren Sie die berühmte «Jürgen-Klopp-Säge» etc.) oder denken Sie sich ein persönliches Kennwort aus, das Sie mit dieser Emotion verbinden und das Sie mehrfach laut aussprechen. Das Ausführen der Bewegung und das Aussprechen des Kennworts kann zu Trainingszwecken

live geschehen, aber auch komplett in Ihrer Vorstellung stattfinden. Nehmen Sie bewusst wahr, wie mit jeder Bewegung und jedem Kennwort das gute Gefühl noch intensiver wird.

6. Testen Sie nun den Erfolg, indem Sie an etwas vollkommen anderes denken, beispielsweise das Ausfüllen einer Excel-Tabelle oder das Sortieren von Belegen für Ihre jährliche Steuererklärung. Wenn Sie nicht zufällig ein Buchhaltungs-Fetischist sind, dann sollte das gute Gefühl nun komplett verschwunden sein. Machen Sie nun Ihre Bewegung und sagen Sie Ihr Kennwort. Die Gefühlswelle und der damit verbundene Zustand werden automatisch wieder Ihren gesamten Körper ausfüllen.

7. Zum Abschluss wollen wir den Zustand generalisieren. Denken Sie dazu an zwei bis drei Situationen in Ihrer Zukunft, in denen Sie das Gefühl und den Zustand besonders gut gebrauchen könnten. Machen Sie die Bewegung, sagen Sie Ihr Kennwort und lassen Sie sich überraschen, was sich alles verändert hat.

Je häufiger Sie trainieren, sich gut zu fühlen, desto besser werden Sie Ihre Zustände kontrollieren können. In Situationen, in denen es um etwas geht, aber eben auch sonst. Sobald Sie in der Lage sind, sich ohne jeglichen Grund gut zu fühlen, werden drei Dinge geschehen.

1) Die Qualität Ihrer Entscheidungen steigt dramatisch an.
2) Ihr Wirken als Change-Rebell wird von Leidenschaft und Hingabe geprägt sein.
3) Sie verbannen das Mittelmaß aus Ihrem Alltag und genießen ein in allen Belangen intensives Leben, das diesen Namen auch wirklich verdient.

Ist das nicht so ziemlich das Schönste, was man sich wünschen könnte?

MINDSET-MEMO

DIE 5 WICHTIGSTEN IDEEN DES KAPITELS

1 Herzblut und Leidenschaft führen dazu, dass Sie charismatischer wirken, die Menschen um Sie herum mit Ihrer Begeisterungsfähigkeit anstecken und die Zufriedenheit in Ihrem Leben dramatisch zunimmt.

2 Was auch immer Sie vorhaben. Tun Sie es mit Herzblut. Oder lassen Sie es bleiben.

3 Nur Mittelmaß ist anstrengend und frustriert. Echte Leidenschaft führt zu mehr Leichtigkeit, Energie und nachhaltiger Motivation.

4 Sobald Sie Mangeldenken durch eine tiefe Dankbarkeit ersetzen, wird sich Ihre Lebensqualität deutlich erhöhen.

5 Trainieren Sie die Kunst, sich gut ohne Grund zu fühlen. Je besser Ihre Zustände sind, desto qualitativ hochwertiger werden Ihre Entscheidungen ausfallen.

KAPITEL 8

POSITIVITÄT – DIE GEHEIME ZUTAT

Ich möchte Ihnen gern eine etwas ungewöhnliche Frage stellen. Haben Sie schon einmal einen «Underberg» getrunken? Ich habe es genau einmal in meinem Leben auf Anraten meiner Großmutter getan. Was soll ich sagen: Es war sowohl das erste als auch das letzte Mal. Der Magenbitter machte zu meinem Leidwesen seinem Namen alle Ehre und erinnerte mich an eine Medizin, die man ausschließlich zu sich nimmt, wenn man überhaupt keine andere Wahl hat. Aber auch hier gilt, dass wir die Welt immer durch die Brille unserer eigenen Vorurteile sehen, denn ich bin anscheinend eine Ausnahme. Die Marke «Underberg» hat nämlich weltweit eine riesige Erfolgsgeschichte geschrieben. In Hunderten von Ländern gibt es Fanclubs, in denen sich Millionen von Menschen unterschiedlichster Kulturen treffen. Fast alle machen sie das Gleiche: Sie genießen das Getränk und sammeln die kleinen grünen Deckel der stets in Papier eingewickelten Flaschen, um diese dann gegen die unterschiedlichsten Fanartikel des Treueprogramms einzutauschen, was im nächsten Schritt einen vorderen Platz in der globalen Rangliste ermöglicht.

Aber worin liegt der außergewöhnliche Erfolg von «Underberg» begründet? Nachdem ich lange im Dunkeln tappte, bin ich vor vielen Jahren endlich hinter das Geheimnis gekommen, als ich auf einem Kongress in Berlin die Abschlusskeynote halten durfte. Wie der Zufall es wollte, war einer meiner Vorredner niemand Geringeres als Emil Underberg, der in seinem Vortrag spannende Einblicke in die bewegende

Unternehmensgeschichte gab. Den Mythos des Magenbitters erklärte er damit, dass niemand wirklich weiß, aus welchen Zutaten dieser genau besteht. Das Rezept ist nämlich geheim. Nur das Ehepaar Underberg und die Tochter kennen die genaue Zusammensetzung und selbst der schon seit über zehn Jahren zur Familie gehörende Schwiegersohn hatte sich damals noch nicht das Vertrauen erarbeitet, in den erlesenen Kreis der Eingeweihten mit aufgenommen zu werden.

Es ist schon faszinierend, oder? Alles, was geheim ist, zieht die Menschen magisch an. Es lädt zu den unterschiedlichsten Spekulationen ein und lässt über kurz oder lang einen Mythos entstehen. Neben «Underberg» gibt es noch viele andere Marken, die eine ähnliche Strategie gefahren sind, die bekannteste davon ist wohl «Coca-Cola». Es wurden bereits Hunderte Versuche unternommen, hinter das Geheimnis des Rezepts zu kommen, aber bis heute weiß immer noch niemand exakt, wie der Softdrink aus Atlanta sich wirklich zusammensetzt. Die Aura des Unbekannten ist wohl einer der Hauptgründe, warum «Coca-Cola» seit über hundert Jahren das weltweit beliebteste Getränk ist, während die mehr oder weniger ähnlich schmeckenden Konkurrenzprodukte in der Beliebigkeit versinken.

Bei uns Menschen ist es ähnlich. Es gibt einfach Persönlichkeiten, die aus der grauen Masse herausstechen, nicht wahr? Die über die exakt gleichen Fähigkeiten und das gleiche Wissen verfügen wie der Rest. Aber trotzdem über das gewisse Etwas verfügen. Was genau sich dahinter verbirgt, lässt sich schwer in Worte fassen, aber sobald sie einen Raum betreten, kann man «es» sofort spüren. Aber was ist die geheime Zutat, die zu magnetischem Charisma, einem ansteckenden Selbstvertrauen und überdurchschnittlichen Erfolgen in sämtlichen Lebensbereichen führt? Im Gegensatz zu «Coca-Cola» oder

dem «Underberg»-Magenbitter ist diese besondere Persön-
lichkeitszutat zum Glück alles andere als geheim, denn wenn
Sie sich erfolgreiche Menschen aus der Wirtschaft, der Politik,
der Kunst, dem Sport oder dem Leben allgemein anschauen,
dann sticht eine Eigenschaft immer wieder heraus: Ich spreche
vom siebten und vielleicht wichtigsten Erfolgsfaktor des
«UnChange-Mindsets»: einer positiven Lebenseinstellung.

Die Positivität macht den entscheidenden Unterschied. Sie
bestimmt, wie Sie denken, entscheiden und sich verhalten.
Mit welchem Fokus Sie Ihre Ziele verfolgen. Ob Sie das
metaphorische Glas des Lebens halb leer oder halb voll betrachten. Wie Sie mit anderen Menschen umgehen und welchen
Einfluss Sie auf Ihr Umfeld haben. Im abschließenden Kapitel
des Buches möchte ich daher ein gleichsam leidenschaftliches
als auch hemmungsloses Plädoyer für die Positivität halten.
Für das positive Denken, aber natürlich auch für das positive
Handeln. Ich möchte Sie für die Idee begeistern, Ihr *Mindset* auf
radikale Positivität auszurichten und damit eine riesige Delle
ins Universum zu hauen. Während ich das schreibe, kann
ich Ihre Skepsis fast spüren: «Aber Ilja, es gibt so viel Leid,
Probleme und Ungerechtigkeit auf dieser Welt, wie soll ich da
immer positiv sein?» Glauben Sie mir, ich kenne diesen Ein-
wand nur zu gut, und selbstverständlich lassen mich all diese
Punkte nicht kalt. Ganz im Gegenteil, sie machen mich wütend
und hinterlassen mich oftmals hilflos. Aber Positivität und
Optimismus zum Dreh- und Angelpunkt Ihres Wirkens zu
machen, bedeutet ja nicht, dass Sie ab sofort nur noch mit der
rosaroten Brille durchs Leben gehen und sämtliche Probleme
ignorieren, ausblenden und weglächeln. Vielmehr ist es so: Die
Karten, die Ihnen das Universum ausgeteilt hat, können Sie
sich nicht aussuchen. Aber wie Sie mit diesen umgehen, welche
Perspektive Sie einnehmen und auf welche Art und Weise Sie
Ihre Hand spielen, ist eine Entscheidung, die nicht nur über

Ihre Ergebnisse bestimmt, sondern Auswirkungen auf Ihre gesamte Lebensqualität hat. Ich möchte eine meiner tiefsten Überzeugungen mit Ihnen teilen:

Sie können das Leben entweder als große Qual betrachten, gegen die Sie jeden einzelnen Tag einen verzweifelten Kampf führen. Oder Sie sehen es als wundervolle und einzigartige Erfahrung, die Ihnen täglich neue Chancen und Möglichkeiten eröffnet.

Welchen dieser beiden Wege Sie beschreiten, hängt einzig und hängt zweifelsfrei davon ab, für welche innere Haltung Sie sich entscheiden. Haben Sie Ihre Wahl getroffen? Wunderbar. Denn eine positive Grundhaltung ist nicht von heute auf morgen plötzlich da. Sie müssen sie sich erarbeiten und hineinwachsen. Ich schlage vor, dass wir direkt damit loslegen. Einverstanden?

SEIEN SIE POSITIV. IMMER.

Beginnen wir mit einer harten Wahrheit. Sie könnten sämtliche Ideen dieses Buches eins zu eins umsetzen. Ohne den Erfolgsfaktor «Positivität» werden Sie niemals ein zufriedenes Leben führen. Zum Glück gilt dies auch umgekehrt. Selbst wenn Sie das «UnChange-Mindset» erst ganz langsam und in Minischritten ausbauen, kann eine positive Haltung dazu führen, dass Sie trotzdem große Entwicklungssprünge machen. So schwer und hart bestimmte Situationen auch sein mögen, die große Kunst ist es, den Fokus immer auf die positiven Aspekte zu richten. In seinem Buch *Think and Grow Rich* hat Napoleon Hill dies perfekt beschrieben, als er feststellte, dass Ihr Gehirn nur einen Gedanken zur gleichen Zeit denken kann. Dieser wiederum kann entweder positiv oder negativ sein. Eine schöne Metapher hierfür ist eine dieser altmodischen Jukeboxes, die früher in fast jeder Kneipe standen. Nachdem Sie zehn Pfennig eingeworfen und die Taste «D7» gedrückt hatten, ging ein Greifarm nach hinten und entnahm die gewählte Platte dem Register.[48] Sekunden später hat es dann Zoom gemacht, weil Sie sich zum wiederholten Male *1000 und 1 Nacht* von Klaus Lage ausgesucht hatten.

In Ihrem Kopf läuft ein ähnlicher Prozess ab. Wenn Sie sich in einer neuen Situation befinden, dann hat Ihr Gehirn zwei Gedanken zur Auswahl, auf die es zurückgreifen kann. Einen positiven und einen negativen. Die Wahl geschieht in 99 Prozent der Fälle unbewusst und wird sowohl von Ihrer grundsätzlichen Einstellung als auch der Summe sämtlicher Ideen und Botschaften bestimmt, denen Sie sich täglich aussetzen. Es erstaunt dabei nicht, dass bei vielen Menschen der metaphorische Greifarm vollkommen automatisiert und konditioniert den negativen Gedanken wählt. Das ist durchaus tragisch, denn Sie werden nun mal das, was Sie dauerhaft denken. Sind Sie mutig genug, einmal zu prüfen, zu welcher Kategorie Sie aktuell gehören? Hier sind die zehn größten Unterschiede zwischen einem negativen und einem positiven *Mindset*.

NEGATIVE MENSCHEN ...

1. Sehen das Leben als einen einzigen großen Kampf.
2. Fokussieren sich auf Probleme und wissen jederzeit, was alles nicht geht.
3. Betrachten sich als Opfer der äußeren Umstände.
4. Denken, sie wären «fertig» und wüssten und könnten schon alles.
5. Sind Meister im Ausreden suchen.
6. Beschweren sich viel und geben sofort auf, wenn etwas nicht klappt.

7. Denken im Mangel und glauben, dass es von allem zu wenig gibt.
8. Malen sich in den buntesten Farben aus, was alles schiefgehen kann.
9. Reagieren passiv auf externe Ereignisse.
10. Machen andere Menschen klein.

POSITIVE MENSCHEN ...

1. Sehen das Leben als großes Geschenk.
2. Fokussieren sich auf Lösungen und denken in Möglichkeiten.
3. Betrachten sich als Schöpfer ihrer eigenen Realität.
4. Folgen der Philosophie des lebenslangen Lernens.
5. Übernehmen Verantwortung. Für die guten und die schlechten Ergebnisse.
6. Akzeptieren Dinge, die sie nicht kontrollieren können, und machen das Beste aus jeder Situation.
7. Denken im Überfluss und dass es von allem für alle genug gibt.
8. Träumen groß, setzen sich herausfordernde Ziele und unternehmen alles, um diese zu erreichen.
9. Umarmen Veränderungen und gestalten die Zukunft aktiv.
10. Machen andere Menschen groß.

Der Unterschied wird ziemlich schnell deutlich, nicht wahr? Während positive Menschen wie ein Magnet sind, von dem sich ihr Umfeld magisch angezogen fühlt, verfangen sich negative Menschen in einer zerstörerischen Abwärtsspirale, aus der es nur ganz schwer wieder ein Entkommen gibt. Oder kennen Sie auch nur eine einzige Person, die es mit einer negativen Einstellung im Leben zu etwas gebracht hat? Sehen Sie, ich nämlich auch nicht. Lassen Sie uns also anschauen, welches die größten Hebel sind, wenn Sie den siebten Erfolgsfaktor des

«UnChange-Mindsets» erfolgreich ausbauen und einsetzen wollen.

POSITIVITÄTSHEBEL NR. 1: VERANTWORTUNG FÜR DIE EIGENEN GEDANKEN

Hier kommt eine Frage, die das Potenzial besitzt, Ihr *Mindset* und Ihr Leben dramatisch zu verändern:

Wer denkt eigentlich Ihre Gedanken?

Sollten Sie jetzt spontan antworten «Ähm, natürlich ich, wer denn sonst?», dann möchte ich Ihnen eine alternative Perspektive anbieten. Die Chancen stehen nämlich gut, dass ein Großteil Ihrer täglichen Gedanken von außen kommt. Von den Medien, dem Internet, Ihren Kollegen, der Werbung, Ihrer Familie oder dem Fernsehen. Sie übernehmen lediglich ungefiltert die verschiedensten Ideen und ordnen diese als Ihre eigenen ein. Leider hat dies zwei riesige Probleme zur Folge: Erstens ist der Großteil der Botschaften, Glaubenssätze und Suggestionen negativ und zweitens passt sich Ihre grundsätzliche Haltung schleichend dieser limitierenden Weltsicht an.

Echte Freiheit beginnt, sobald Sie Verantwortung für Ihre Gedanken übernehmen und sich so oft es geht ganz bewusst fragen: «Ist dieser Gedanke meinem eigenen *Mindset* entsprungen oder stammt er von außen?» Schritt für Schritt sind Sie so in der Lage, die Spirale der unbewussten Programmierungen zu unterbrechen und zum Denker Ihrer eigenen Gedanken zu werden. Dies funktioniert übrigens umso besser, je mehr Sie ganz bewusst darauf achten, nur noch qualitativ hochwertige Informationen aus entsprechenden Medien zu konsumieren und diese natürlich trotzdem einer kritischen Prüfung zu unterziehen.

POSITIVITÄTSHEBEL NR. 2: DEN FOKUS AUF LÖSUNGEN RICHTEN

Ein positives *Mindset* und der Fokus auf Chancen, Lösungen und Möglichkeiten hängen untrennbar miteinander zusammen, denn wohin Ihre Aufmerksamkeit gerichtet ist, dahin fließen Ihre Zeit, Ihre Energie und auch Ihr Geld. Wohin diese Ressourcen fließen, entscheidet, wovon Sie mehr bekommen. So einfach ist das. Aber bedeutet dies, dass Sie Probleme ab sofort ignorieren sollten, um Sie mit Ihrer Aufmerksamkeit nicht noch zu vergrößern? Selbstverständlich nicht. Hier empfehle ich Ihnen folgenden Fokus-Hack: Nehmen Sie das Problem wahr, akzeptieren Sie dessen Existenz, aber denken Sie gleichzeitig bereits über mögliche Lösungen nach. Ein wahrer Gamechanger, wenn dieses *Mindset* zu einem unbewussten Automatismus geworden ist.

POSITIVITÄTSHEBEL NR. 3: POSITIV SEIN, WENN ES DARAUF ANKOMMT

Auch beim Thema «Positivität» spielt die Balance eine wichtige Rolle. Denn niemand ist durchgehend positiv. Auch die erfolgreichsten Möglichkeitsdenker zweifeln, machen sich Sorgen und haben Angst vor den unterschiedlichsten Dingen. Aber wenn es darauf ankommt, dann sind Sie in der Lage, einen Schalter umzulegen und sich für die positive Platte ihrer inneren Jukebox zu entscheiden. Je eher Sie also auch negative Gedanken akzeptieren, desto größer die Wahrscheinlichkeit, dass Sie besser darin werden, diese in den entscheidenden Momenten in eine positive Richtung umzuleiten.

POSITIVITÄTSHEBEL NR. 4: BEGEISTERUNGSFÄHIG SEIN

Kennen Sie auch diese Zeitgenossen, die stets wissen, was alles nicht geht, bei jedem noch so guten Vorschlag das Haar in der Suppe suchen und Ihnen umgehend mitteilen, was beim Umsetzen einer neuen Idee garantiert schiefgehen wird? Okay, das war jetzt eine rhetorische Frage, denn die Welt ist leider voll von ihnen. Aber wer umgibt sich schon gern mit solchen

Miesepetern? Natürlich niemand. Wovon sich Menschen hingegen magisch angezogen fühlen, sind begeisterungsfähige Change-Rebellen, die sich voller Herzblut und Leidenschaft auf neue Ideen und unerwartete Situationen einlassen.

POSITIVITÄTSHEBEL NR. 5: POSITIVE GLAUBENSSÄTZE DEFINIEREN

Ich glaube fest daran, dass sich alle Probleme im Leben mit dem richtigen *Mindset* lösen lassen. Natürlich bin ich mir dessen bewusst, dass es sich hierbei nur um einen Glaubenssatz handelt, aber er ist dermaßen kraftvoll, dass er mir seit vielen Jahren treue Dienste leistet. Ich möchte Sie daher an einen wichtigen Zusammenhang erinnern:

Ob Sie glauben, dass Sie etwas schaffen, oder ob Sie glauben, dass Sie es nicht schaffen: Sie werden auf jeden Fall Recht behalten.

Es ist daher eine sehr gute Idee, sich einige Überzeugungen bewusst zu definieren, an denen sich Ihre innere Haltung ausrichten kann. Neben dem bereits erwähnten Beispiel sind es bei mir u. a. Folgende:

- Commitment, Fleiß und Durchhaltevermögen zahlen sich am Ende immer aus.
- Wenn ich viel und gern gebe, bekomme ich auf lange Sicht doppelt und dreifach zurück.
- Wenn ich regelmäßig mutige Entscheidungen treffe, wird mich das Leben reich beschenken.
- Erfolg ist immer die Kombination aus Klarheit, Fokus und Disziplin.
- In jeder Situation gibt es mindestens immer drei Wahlmöglichkeiten.
- Ein positives *Mindset* wird mir sämtliche Türen im Leben öffnen.

Handelt es sich dabei um universelle Wahrheiten? Höchstwahrscheinlich nicht. Aber seitdem ich diese Glaubenssätze bewusst als Leuchtturmideen in meinem Leben definiert habe, passieren mir Dinge, die auch auf mich immer wieder wie ein kleines Wunder wirken. Wollen Sie Ähnliches erleben? Dann definieren Sie am besten noch heute Ihre ganz persönlichen positiven Überzeugungen.

POSITIVITÄTSHEBEL NR. 6: ÜBER SICH SELBST LACHEN KÖNNEN

Negative Menschen haben einfach keinen Humor. Weil sie so sehr damit beschäftigt sind, sich um Probleme zu drehen, anderen Menschen davon zu erzählen und sich dann in ihrer Unzufriedenheit zu baden, haben sie auch gar keine Zeit dafür. Positive Change-Rebellen hingegen lachen viel und oft, vor allem über sich selbst. Warum das so wichtig ist? Zum einen ist nichts so positiv ansteckend wie Humor. Zweitens öffnen Sie dadurch sehr häufig einen kleinen Spalt in der Tür zu möglichen Veränderungen, der dann im Laufe der Zeit immer größer wird. Je mehr Sie daher über die ernsten Situationen des Lebens lachen können und gleichzeitig die vermeintlich kleinen Dinge mit einer großen Ernsthaftigkeit angehen, desto mehr wird dies auf den Erfolgsfaktor «Positivität» einzahlen.

Wenn ich alle sechs Hebel in einer Aussage zusammenfassen müsste, dann wäre es diese: Seien Sie positiv. Immer. Eine positive Attitüde ist nicht nur die geheime Zutat Ihrer Persönlichkeit, sondern auch der Schlüssel zum Erfolg im Business, in zwischenmenschlichen Beziehungen, im Sport und in sämtlichen anderen Lebensbereichen. Natürlich erfordert das eine Menge Commitment und auch Konsistenz. So gut wie jeder kann für einen Tag positiv sein. Viele Menschen schaffen es auch für ein paar Wochen. Wenige halten es mehrere Monate durch. Aber die richtig großen Räder drehen immer die außergewöhnlichen Persönlichkeiten, die sich ihre Positivität über mehrere Dekaden bewahrt haben. Daher fehlt in unserer Aufzählung noch ein weiterer Faktor. Ich spreche von der Gier nach Siegen, dem unstillbaren Hunger nach Erfolg und dem Drang, sich niemals mit dem Status quo zufriedenzugeben. Genau an dieser Stelle kommt ein faszinierender Gegensatz ins Spiel.

DAS ZUFRIEDENHEITSPARADOXON

Um den Erfolgsfaktor «Positivität» in seiner vollen Gänze nutzen zu können, müssen Sie in der Lage sein, sich permanent in zwei widersprüchlichen Zuständen zu befinden: Auf der einen Seite ist es – wie im letzten Abschnitt bereits erwähnt – von essenzieller Bedeutung, dass Sie sich niemals mit dem Erreichten zufriedengeben, sondern sich den Hunger auf bessere Ergebnisse, auf persönliches Wachstum und auf eine kontinuierliche Entwicklung des «UnChange-Mindsets» bewahren. Gleichzeitig ist es genauso wichtig, zufrieden zu sein. Mit den kleinen und großen Erfolgserlebnissen des Alltags. Mit den persönlichen Errungenschaften und natürlich mit all dem, was Sie in Ihrem Leben bereits erreicht haben.

Klingt paradox? Stimmt, und das ist auch ziemlich gut so, denn wie hat es der Psychiater C. G. Jung so schön formuliert: «Die Paradoxie gehört sonderbarerweise zum höchsten geistigen Gut; [...], denn nur das Paradoxe vermag die Fülle des Lebens annähernd zu fassen.» Fällt Ihnen die Parallele zum «UnChange-Mindset» auf? Das Leben mit all seinen Facetten, Unwägbarkeiten und Überraschungen ist einfach viel zu komplex, um es mit reinem Schwarz-Weiß-Denken bewältigen zu können. Vielmehr kommt es darauf an, die Klaviatur der unterschiedlichsten Grautöne virtuos zu beherrschen, die unterschiedlichsten Herausforderungen differenziert zu analysieren und Situationen immer individuell zu betrachten.

Das gilt ganz besonders beim Thema «Zufriedenheit», bei der die richtige Balance von entscheidender Bedeutung ist. Je zufriedener Sie nämlich sind, je mehr Sie in sich ruhen und je mehr Sie dankbar für all Ihre kleinen und großen Erfolge sind, desto mehr wird Ihr gesamtes Leben von Sinn, Bedeutung und Erfüllung geprägt sein. Nehmen Sie sich also regelmäßig Zeit, einen Schritt zur Seite zu treten, um ganz bewusst aus der Vogelperspektive auf Ihre Erfolge zu blicken und voller Stolz wahrzunehmen, was Sie alles erreicht, geschafft und umgesetzt haben. Wie so oft gilt auch hier: Wenn Sie diese Momente dem Zufall überlassen, dann ist das Vorhaben von vornherein zum Scheitern verurteilt. Wenn Sie sich hingegen auf unseren alten Bekannten – den Erfolgsfaktor «Bewusstheit» – verlassen, dann kann die Zufriedenheit zu einem starken Motivator für Sie werden und damit die generelle Positivität noch einmal verstärken.

Dabei bin ich mir übrigens sehr bewusst, dass all dies wieder einmal sehr einfach klingt, während die tatsächliche Umsetzung im Alltag durchaus herausfordernd sein kann. Ich würde mich als extrem positiven Menschen bezeichnen. Doch es gab eine Phase in meinem Leben, in der mein Fokus sich temporär verschoben hatte. Ohne dass ich es bewusst mitbekam, triggerten mich immer mehr externe Ereignisse und ließen mich schrittweise zu einem dieser Nörgler werden, die sich ständig über irgendetwas empören. Ob es die grandiose Ungerechtigkeit auf der Welt, die unseriösen Machenschaften in meiner Branche, die Unehrlichkeit von Menschen, die Doppelmoral in der Politik oder die zunehmende Gleichgültigkeit in der Gesellschaft war, all diese Dinge lösten in mir eine Kombination aus Wut, Betroffenheit und Ärger aus. Diese Emotionen kanalisierten sich dann in den unterschiedlichsten Versuchen, diese Zustände nicht länger hinzunehmen und auf irgendeine Art und Weise wieder in die aus meiner Sicht richtigen Bahnen zu lenken.

Eine Tatsache übersah ich dabei allerdings. All die Dinge, über die ich mich so sehr aufregte, lagen durch die Bank weg außerhalb meines Einflussbereichs. Da ich weder andere Menschen noch die äußeren Umstände verändern kann, blieb eben auch alles beim Alten. Naja, nicht ganz. Denn während sich das Universum einen feuchten Kehricht für meine dauerhafte Entrüstung interessierte, schlidderte ich immer mehr in Richtung Desillusionierung, Negativität und Unzufriedenheit. All das, obwohl ich grundsätzlich einen positiven Unterschied für die Welt bewirken wollte. Doch wir alle haben unsere blinden Flecken und sehen oftmals das Brett nicht, das sich direkt vor unserem Kopf befindet. Zum Glück hatte ich Menschen in meinem Umfeld, die mich darauf aufmerksam machten, dass ich zu einem dieser negativen Profi-Empörer wurde, vor denen ich sie jahrelang immer gewarnt hatte. Die Erkenntnis war anfangs ziemlich hart, aber die radikale Ehrlichkeit mir selbst gegenüber half mir, schnell den Schalter umzulegen. Allerdings war dies gar nicht so einfach, denn auf der einen Seite wollte ich mich zu hundert Prozent auf ein positives *Mindset* konzentrieren, andererseits war ich aber auch nicht bereit, die vielen Probleme und Ungerechtigkeiten auf dieser Welt einfach so hinzunehmen. Folgende Erkenntnisse halfen mir schlussendlich beim nachhaltigen Turnaround:

1) Machen Sie sich immer wieder bewusst, dass Sie andere Menschen und die äußeren Umstände niemals ändern können. So frustrierend dies manchmal auch sein mag, ohne diese Akzeptanz geht es einfach nicht.

2) Nutzen Sie die Technik des *Fünf Minuten Jammern sind okay*, und dann fokussieren Sie sich ausschließlich auf positive und konstruktive Lösungen.

3) Lassen Sie los, was Sie nicht kontrollieren können, und widerstehen Sie der Versuchung, die Welt verändern zu müssen.

4) Verändern Sie stattdessen sich selbst und stecken Sie die Menschen in Ihrem Umfeld mit Ihrer Positivität an.

Wer weiß: Je mehr Sie die Dinge im Kleinen positiv beeinflussen, desto größer wird die Wahrscheinlichkeit, dass sich daraus irgendwann eine Domino-Rallye entwickeln kann, die das Potenzial besitzt, auch die ganz großen Probleme und Ungerechtigkeiten zu lösen. «Okay, Ilja, das klingt ja sehr schön, aber was kann ein einzelner Mensch denn schon bewirken?» Mehr als Sie denken. Viel mehr sogar. Am letztmalig stattfindenden Domino Day im Jahr 2009 führte das Anstoßen eines einzelnen Steins dazu, dass insgesamt 4.491.863 weitere Steine umfielen. Ein bis heute bestehender Weltrekord. Doch damit nicht genug: Der Physiker Lorne Whitehead veröffentlichte bereits 1983 einen Artikel im *American Journal of Physics*, in dem er die faszinierenden Erkenntnisse seiner Forschungen teilte. Demnach ist ein einzelner Dominostein in der Lage, einen 50 Prozent größeren Dominostein umzuwerfen. In seinem Experiment startete er mit einem Stein, der zehn Millimeter hoch war. Die entstandene Kettenreaktion endete mit einem umfallenden 13. Dominostein, der 64-mal so hoch war wie der Auslöser.[49] Würden Sie diese Kette hypothetisch weiterführen, dann hätte der 18. Stein bereits die Höhe des Schiefen Turms von Pisa, der 31. wäre höher als der Mount Everest und der 57. würde die Entfernung zwischen der Erde und dem Mond überbrücken.

Glauben Sie jetzt, dass ein einzelner Mensch einen riesigen Unterschied machen kann? Eine einzige mutige Entscheidung, eine verrückte Idee oder eine positive Perspektive auf eine scheinbar hoffnungslose Situation kann eine ungeahnte Kettenreaktion auslösen. Je mehr persönliche Dominosteine Sie also in Ihrem Alltag anstoßen, desto größer wird auch die Wahrscheinlichkeit, dass Sie irgendwann Ihren ganz persönlichen Domino Day erleben werden. Auch in diesem Fall hilft es, sich weniger auf ein eventuelles Ergebnis, sondern vor allem auf den Prozess zu konzentrieren. Die Welt lechzt einfach nach Change-Rebellen, die mit Ihrer Positivität als Vorbild vorangehen, den Blick voller Optimismus auf mögliche Chancen richten und auch bei den kniffligsten Problemen stets in Lösungen denken. Ich habe für mich beschlossen, dass ich genau so eine Person sein möchte. Wie sieht es bei Ihnen aus? Wenn Sie es nicht sowieso schon getan haben, dann wäre doch genau jetzt eine perfekte Gelegenheit, den Erfolgsfaktor Positivität zu einer absoluten Priorität in Ihrem Leben zu definieren, nicht wahr? Mir hilft dabei seit vielen Jahren ein Leitspruch, den ich gern mit Ihnen teilen möchte.

Seien Sie so positiv, dass es negative Menschen nicht in Ihrer Nähe aushalten.

Klingt Ihnen das zu sehr nach Ausgrenzung? Ist es aber überhaupt nicht. Natürlich, einige Menschen haben sich an die eigene negative Einstellung so sehr gewöhnt, dass diese zu einem zentralen Lebensinhalt geworden ist. So traurig es auch ist, in diesen Fällen ist bereits Hopfen und Malz verloren. Viel wahrscheinlicher ist es aber, dass Sie die Nörgler, Miesepeter und Grantler in Ihrem Umfeld mit Ihrem positiven *Mindset* so sehr inspirieren, dass es bei ihnen zu einem Umdenken kommt. Dieser Perspektivenwechsel führt dann schließlich dazu, dass die Menschen sich von Ihnen magisch angezogen fühlen und sich nichts sehnlicher wünschen, als Teil Ihres Umfelds werden zu können. Genau das bringt uns zum letzten wichtigen Baustein des Erfolgsfaktors «Positivität»: die bewusste Auswahl der Menschen, mit denen Sie Zeit in den unterschiedlichsten Kontexten verbringen.

DER CHANGE-REBELLEN-CLAN

Eines meiner absoluten Lieblingsbücher stammt von Martin Seligmann und trägt in der deutschen Übersetzung den genialen Titel *Pessimisten küsst man nicht*. Wie recht er mit dieser Aussage hat, denn wer umgibt sich schon gern mit Menschen, die immer nur das sehen, was nicht geht, und die jede noch so gute Idee bereits im Keim ersticken? Stattdessen blühen wir auf, wenn wir uns mit Möglichkeitsdenkern, Lösungsfetischisten und positiv bekloppten Visionären umgeben. Ich möchte Sie daher gern für die Idee begeistern, sich Ihren eigenen Change-Rebellen-Clan zu suchen. Oder noch besser, ihn zu gründen und die zukünftigen Mitglieder mit Ihrer Positivität und Ihrem generellen *Mindset* fast schon magisch anzuziehen.

Sie mussten beim Wort «Clan» direkt an Kriminalität denken? Ein perfektes Beispiel, wie hartnäckig unbewusste Prägungen sein können. Meine Assoziation mit dem Begriff ist eine vollkommen andere. Da ich ein großer Schottland-Fan bin und in diesem tollen Land auch viele Freunde habe, ist ein «Clan» für mich der Inbegriff von bedingungslosem Zusammenhalt, gegenseitiger Unterstützung und geteilten Werten. Die Mitglieder eines Clans inspirieren sich gegenseitig, verfolgen gemeinsame Ziele und gehen zusammen durch dick und dünn. Ich kann es daher gar nicht genug betonen, welche Auswirkungen es haben kann, sämtliche negativen Menschen aus Ihrem direkten Umfeld bewusst zu verbannen und eine Menge Zeit, Energie und Commitment dafür zu verwenden, sich ein Team von Menschen aufzubauen, die genau wie Sie von Positivität und Optimismus angetrieben werden.

Wie man es nicht machen sollte, habe ich vor vielen Jahren gelernt, als ich als Teenager im NDR-Sportclub[50] ein Interview mit dem Fußballer Mirko Votava gesehen habe, der damals

als Kapitän von Werder Bremen für seine überdurchschnittliche Spielintelligenz bekannt war. Ihm wurde folgende Frage gestellt: «Wie würde Ihre Top-Elf aussehen, wenn Sie aus den besten Fußballspielern der Geschichte wählen könnten?» Seine Antwort war mehr als unkonventionell: «Ich würde elfmal mich selber aufstellen.» Der Moderator hakte erstaunt nach: «Kein Beckenbauer und kein Rudi Völler? Aber wieso das denn?» Worauf Mirko Votava antwortete: «Ganz einfach. Wenn ich mit elf Klonen von mir selber zusammenspielen würde, dann könnte ich mich immer auf meine Mitspieler verlassen. Ich wüsste, wie sie ticken, welche Stärken sie haben und welche Entscheidungen sie in den entscheidenden Situationen treffen würden.»

Auch wenn ich Mirko Votava immer unheimlich gern beim Fußballspielen zugesehen habe, ist seine Antwort für mich ein perfektes Beispiel, wie gute Teams auf keinen Fall zusammengestellt werden sollten. Denn ohne Diversität, ohne differenzierte Perspektiven und ohne verschiedene Lebenshintergründe ist eine Weiterentwicklung praktisch ausgeschlossen. Die besten Clans zeichnen sich nämlich niemals dadurch aus, dass immer nur Harmonie herrscht, alle Mitglieder die gleiche Meinung haben und man Konflikte meidet wie der Teufel das Weihwasser. Ganz im Gegenteil, denn für Fortschritt, Verbesserung und die aktive Gestaltung der Zukunft ist es entscheidend, dass man sich positiv aneinander reiben kann. Die dabei entstehende Energie kann dann für die Entwicklung neuer Ideen genutzt werden.

Mein Lieblingsbeispiel hierfür stammt aus der Musik, deren Fangemeinde seit den 1960er-Jahren in zwei grundsätzliche Lager gespalten ist: «Team Beatles» oder «Team Rolling Stones». Ich selbst oute mich an dieser Stelle gern, dass ich zur zweiten Kategorie gehöre. Als ich zum ersten Mal *Exile on Main Street* auf meinem Plattenspieler hörte, war es um mich geschehen. Bis heute bin ich ein großer Fan der Stones und besitze auch fast alle ihrer Alben auf Vinyl. Die Erfolgsgeschichte der Band ist beileibe kein Zufall, sondern basiert auf einem ganz besonderen *Mindset* und der außergewöhnlichen Chemie zwischen den einzelnen Persönlichkeiten.

Es ist kaum zu glauben, aber die Rolling Stones spielen bereits seit über 60 Jahren zusammen. Auch wenn jedes einzelne Bandmitglied ohne Zweifel als Superstar bezeichnet werden kann, ist das regelmäßige Proben für sie eine fast schon heilige Angelegenheit. In einem Interview haben sie einmal erzählt, dass sie immer versucht haben, die individuellen Talente, Charaktereigenschaften und Skills miteinander zu kombinieren, um als Band die bestmögliche Qualität abliefern zu können. Die dafür notwendigen Abläufe, die verbale und nonverbale Kommunikation und natürlich das musikalische Zusammenspiel üben sie dafür so lange ein, bis all diese Dinge zu einem unbewussten Automatismus geworden sind. Auch wenn sie es als absolute Legenden überhaupt nicht mehr nötig hätten, trifft sich die Band vor jeder Tour in der Regel für zwei Monate, um intensiv zu üben und die einzelnen Abläufe zu perfektionieren. Weil das regelmäßige Proben es der Band ermöglicht, mit an Telepathie grenzender Leichtigkeit Musik zu machen.

In besagtem Interview verriet Gitarrist Keith Richards, dass er auf der Bühne nur auf die linke Hand von dem kürzlich verstorbenen Schlagzeuger Charly Watts schauen muss, um sofort zu wissen, was in einem Song passiert. Sollte das Tempo einmal hinterherhinken, so genügt ein einziger Blickkontakt mit Ronnie Wood. Ohne dass ein einziges Wort gewechselt werden muss, zieht daraufhin der Rhythmus auf fast schon magische Weise wieder an. Nach eigener Aussage rührt ihr Status als erfolgreichste Band der Musikgeschichte daher, dass jedes

Bandmitglied eine ganz besondere Rolle innerhalb des Teams hat. Keith Richards ist so etwas wie der spirituelle Leader. Charlie Watts war bis zu seinem Tod die gute Seele der Band. Ronnie Wood schaffte es wie kein Zweiter, die auftretenden Konflikte immer wieder auszugleichen. Mick Jagger hingegen hat die Rolle des CEO inne, der das Team nach außen hin vertritt, wichtige Entscheidungen trifft und immer das große Ganze im Blick hat. Jedes Mitglied der Rolling Stones ist ein individueller Spezialist, ein Superstar und ein außergewöhnliches Genie in einer Person. Aber erst die ganz besondere Chemie, die produktive Reibung und die jahrzehntelange Positivität in der Zusammenarbeit haben dazu geführt, dass aus einer gewöhnlichen Rhythm-and-Blues-Combo aus der Kleinstadt Dartford die erfolgreichste Band der Welt wurde. Weil alle vier Musiker wissen, dass sie ihre persönlichen Ziele am besten erreichen können, wenn sie als Team zusammenarbeiten und bereit sind, das eigene Ego dem Erfolg der Gruppe unterzuordnen.

Haben Sie beim Lesen dieser Zeilen ebenso wie ich beim Schreiben eine leichte Gänsehaut bekommen? Neben einer riesigen Portion Inspiration stechen für mich zwei Learnings aus dem Einblick in das *Mindset* von Mick Jagger und Co. heraus: Zum einen ist es ein Satz, der wahrscheinlich in bisher jedem meiner Bücher einen prominenten Platz erhalten hat. Einfach, weil er so wichtig und essenziell ist:

Niemand gewinnt allein!

Wie auch immer Ihre ganz persönliche Definition von «Erfolg» lautet, die Qualität Ihrer Ergebnisse steht und fällt mit den Menschen, die Sie auf Ihrem Weg begleiten. Überlassen Sie die Zusammenstellung Ihres Change-Rebellen-Clans daher bitte niemals dem Zufall, sondern umgeben Sie sich mit Menschen, die Sie in Ihrer Einzigartigkeit unterstützen und den Erfolgsfaktor Positivität genau wie Sie zur obersten Priorität im Leben auserkoren haben.

Genau dieser Punkt bringt mich zum zweiten Learning aus der Rolling-Stones-Geschichte. Um den Erfolg der Band zu erklären, möchte ich mich gern der Worte Aristoteles bedienen, der es wie folgt beschrieben hat:

Das Ganze ist mehr als die Summe der einzelnen Teile.

Lassen Sie die Bedeutung des Satzes gern noch ein wenig wirken, denn wir wollen an dieser Stelle den großen Themenbogen des Buches schließen. In den letzten sieben Kapiteln haben wir uns die Erfolgsfaktoren des «UnChange-Mindsets» ausführlich und detailliert angeschaut. Die Anwendung jeder einzelnen Eigenschaft besitzt das Potenzial, Ihre Ergebnisse im Business zu verbessern und Ihre generelle Lebensqualität deutlich zu erhöhen. Doch genau wie bei den Rolling Stones ist auch das komplette «UnChange-Mindset» mehr als die Summe der einzelnen Erfolgsfaktoren. Können Sie sich noch an die Metapher mit dem Baum erinnern? Ich hoffe, jetzt wird deutlich, warum ich mich für diese Visualisierung entschieden habe. Auch wenn der Samen einer Eiche, einer Japanischen Kirsche oder einer Ulme immer gleich aussehen mag, so hängen die Gestalt, die Größe und die Kraft der daraus entstehenden Wurzeln immer von den unterschiedlichsten Einflussfaktoren ab. In welcher Umgebung wird der Baum gepflanzt? Welche Beschaffenheit hat der Boden? Wie lichtreich ist die Umgebung und wie steht es um die Temperaturen, den Wind und die generellen klimatischen Bedingungen?

All dies hat Auswirkungen darauf, wie schnell Ihr Baum wächst, wie groß er wird und wie tief die Wurzeln in den Boden vordringen können. Das Gleiche gilt für das «UnChange-Mindset». Selbst wenn sämtliche Leserinnen und Leser dieses Buches seine Ideen eins zu eins umsetzen würden, so würde doch das Ergebnis jedes einzelne Mal individuell verschieden ausfallen. Das empfinde ich als großes Geschenk, denn wir Menschen sind nun mal verschieden und erst durch Diversität wird unsere (Um-)Welt so reizvoll und spannend. Wo auch immer Sie daher zurzeit stehen und wie stark Ihr aktuelles *Mindset* bereits auf die «UnChange-Philosophie» ausgerichtet ist, am Ende des Tages kommt es nur auf eine Sache an: dass Sie sich auf den Weg machen, und zwar auf Ihren. Möglicherweise haben Sie noch überhaupt keine Idee, wohin genau dieser Sie führen mag, aber das ist auch gar nicht so entscheidend. Die Reise an sich ist das Ziel und die spannendsten Erfahrungen werden Sie sowieso abseits der ausgetretenen Pfade machen. Wenn ich mir zum Abschluss etwas wünschen könnte, dann wäre es Folgendes:

Setzen Sie sich beim Umsetzen der Change-Rebellion nicht zu sehr unter Druck, sondern entwickeln Sie Ihr «UnChange-Mindset» mit einer großen Portion Leichtigkeit.

Konzentrieren Sie sich auf die Entwicklung der einzelnen Erfolgsfaktoren und freuen Sie sich, wenn diese im Laufe der Zeit stärker werden. Irgendwann wird der Zeitpunkt kommen, an dem sich die einzelnen Wurzeln zu einem großen Knäuel miteinander verweben und damit im Sinne von Aristoteles etwas bilden, was mehr ist als die Summe der einzelnen Teile. Nämlich die Grundlage, auf der ab diesem Moment Ihr gesamtes Denken, Entscheiden und Verhalten basieren wird. Ehe Sie sich versehen, ist aus dem ehemals kleinen Samen ein einzigartiger und hoffentlich majestätischer Baum geworden. Ein Baum, der so wundervoll und besonders ist, dass er sich von allen anderen Bäumen auf dieser Welt unterscheiden wird.

Sie können entweder aktiv leben oder Sie lassen die Launen des Schicksals passiv über sich ergehen. Sie können sich entweder verändern oder Sie werden irgendwann verändert. Allem voran können Sie Ihr *Mindset* entweder ganz bewusst nach der «UnChange-Philosophie» ausrichten oder es von den Werten, Überzeugungen und Botschaften anderer Menschen beeinflussen lassen. Ich hoffe sehr, dass Sie sich schon längst entschieden haben, Ihr Glück, Ihre Zufriedenheit und Ihre generelle Lebensqualität nicht länger dem Zufall zu überlassen, sondern die Zukunft bei den Hörnern zu packen. Beim Umsetzen Ihrer ganz persönlichen Change-Rebellion wünsche ich Ihnen alles nur erdenklich Gute. Mögen Sie groß träumen, mutig handeln und im richtigen Moment das entscheidende Quäntchen Glück auf Ihrer Seite haben. Falls man Sie jemals fragen sollte, was Ihr Geheimnis ist, mit dem Sie Veränderungen fast schon mühelos umsetzen, dann antworten Sie ganz einfach mit einem Zitat aus einem meiner Lieblingsbücher, *Der kleine Prinz*: «Man sieht nur mit dem Herzen gut. Das Wesentliche ist für die Augen unsichtbar.» So wichtig die Nutzung des Verstands auch sein mag, erst wenn Sie sich trauen, auf Ihre innersten Bedürfnisse, Sehnsüchte und Träume zu hören, kann das «UnChange-Mindset» seine wundervolle und einzigartige Kraft für Sie entfalten.

DIE MINDSET REVOLUTION

MINDSET-MEMO

DIE 5 WICHTIGSTEN IDEEN DES KAPITELS

1 Eine positive Lebenseinstellung führt zu dem gewissen Etwas, von dem sich Menschen magisch angezogen fühlen.

2 Sie können das Leben entweder als große Qual betrachten, gegen die Sie jeden einzelnen Tag einen verzweifelten Kampf führen. Oder Sie sehen es als wundervolle und einzigartige Erfahrung, die Ihnen täglich neue Chancen und Möglichkeiten eröffnet.

3 Echte Freiheit beginnt, sobald Sie Verantwortung für Ihre Gedanken übernehmen und sich so oft es geht ganz bewusst fragen: «Ist dieser Gedanke meinem eigenen Mindset entsprungen oder stammt er von außen?»

4 Meistern Sie das Zufriedenheits-Paradoxon, indem Sie gleichzeitig zufrieden und unzufrieden sind. Zufrieden und stolz auf das Erreichte und gleichsam unzufrieden mit dem Status quo, weil der Hunger auf Erfolg der beste Weg zu persönlicher Weiterentwicklung ist.

5 Niemand gewinnt allein. Überlassen Sie Ihren Change-Rebellen-Clan daher nicht dem Zufall, sondern umgeben Sie sich ganz bewusst mit Möglichkeitsdenkern und positiven Menschen.

EPILOG: MOIN ZUKUNFT

Ich liebe die Serie *Die Discounter* auf Amazon Prime. Weil mich jeder einzelne Charakter an eine reale Person aus der Zeit erinnert, als ich in Hamburg gelebt habe. Zusätzlich trifft natürlich auch der trockene norddeutsche Humor bei mir direkt ins Schwarze. In einer meiner Lieblingsszenen flechtet die Kassiererin Elli Jensen im Aufenthaltsraum des Supermarkts *Feinkost Kolinski* in Altona ihrer Kollegin Flora die Haare und die beiden unterhalten sich über Träume, die Liebe und das Leben an sich. Irgendwann fragt Flora: «Frau Jensen, wolltest Du schon immer mal im Supermarkt arbeiten?» Worauf diese im typischen Hamburger Slang antwortet: «Ach, Du meine Güte. Nee. Ich hatte immer so viele Träume, aber das ist alles immer nix geworden.» Flora kommentiert dies traurig: «Ich find's voll schade, dass Du Deinen Traum nie verwirklicht hast.» Elli Jensen seufzt und sagt: «Ja, das ist auch schade. Aber, was willst Du machen?»

Was willst Du machen? Vier harmlos klingende Worte. Aber wenn Sie sich heutzutage mit den unterschiedlichsten Menschen unterhalten, dann werden Sie schnell feststellen, dass diese deterministische Haltung sinnbildlich für das *Mindset* einer ganzen Generation zu stehen scheint. Egal wie unzufrieden man mit der eigenen Situation auch ist, weil man ja sowieso nichts ändern kann, hofft man, dass andere schon dafür sorgen werden, dass es einem irgendwann einmal besser gehen wird. Die Launen des Schicksals lässt man passiv über sich ergehen, während man die Verantwortung für das eigene Leben längst abgegeben hat. An die Politik, den Arbeitgeber, die Gewerkschaften, Interessenverbände, verschiedenste Behörden und nicht zu vergessen an die niemals so wirklich greifbare Gruppe namens *«Die da oben»*. Allen und jedem traut man zu, schon die richtigen Entscheidungen für die eigene Zukunft zu treffen. Nur sich selbst nicht. Dieser Zustand entbehrt bei genauerem Hinsehen ja nicht einer gewissen Ironie, denn egal welche wohlklingenden Versprechungen nach außen hin auch getätigt werden, die vermeintlichen Ritter auf dem weißen Pferd werden niemals zur Rettung erscheinen, weil sie zu sehr damit beschäftigt sind, ihren eigenen Vorteil zu maximieren.

Doch zum Glück gibt es ja einen alternativen Lebensentwurf. Den Weg der Change-Rebellin. Dieser sorgt nämlich dafür, dass die Aussage «Was willst Du machen?» nicht länger als ein rhetorisches Handtuchwerfen verwendet werden muss, sondern als Auslöser dient, auf die außergewöhnliche Kraft des «UnChange-Mindsets» zu vertrauen. Sie allein entscheiden nämlich, aus welcher Perspektive Sie das Leben betrachten. Ob Sie es als Abfolge von zufälligen Ereignissen und Entscheidungen anderer Menschen sehen, die es dann bestmöglich passiv zu erdulden gilt. Oder ob Sie das Leben als wunderbare Möglichkeit sehen, eine riesige Delle ins Universum zu hauen und ihm den Stempel Ihrer einzigartigen Persönlichkeit aufzudrücken. Wir wollen uns dem Ansatz von Buckminster Fuller anschließen, der es wunderbar formuliert hat: «Du veränderst die Dinge nicht, indem Du das Bestehende bekämpfst. Um etwas zu verändern, musst Du neue Ansätze entwickeln, die das Alte überflüssig machen.» In meinen Worten lautet die gleiche Botschaft:

Moin Zukunft!

Ihnen ist die Formulierung nicht kraftvoll und emotional genug? Dann lassen Sie mich Ihnen etwas Kontext geben. Die Norddeutschen sind ja bekannt dafür, dass sie grundsätzlich wenig reden (ich bin da tatsächlich eine Ausnahme). Aber wenn sie es tun, dann verwenden sie ein Wort häufiger als jedes andere: *Moin*. (Sagen Sie übrigens bitte niemals Moin Moin. Das wird im Norden bereits als Gesabbel bezeichnet.) Diese vier Buchstaben ersetzen die im Rest der Republik verwendeten Begrüßungen *Guten Morgen*, *Guten Tag* und *Guten Abend*. Darüber hinaus drücken sie aber auch die unterschiedlichsten emotionalen Zustände aus und können unter anderem *Herzlich Willkommen*, *Wir haben uns ja ewig nicht mehr gesehen* oder *Ich freue mich riesig, dass Du da bist* bedeuten. Wenn wir die Zukunft also mit einem knackigen *Moin* begrüßen, dann steckt in dieser Aussage auch die einzigartige Kombination aus Vorfreude, Begeisterung und einer unbändigen Gestaltungslust.

Können Sie es auch kaum abwarten, die kommenden Jahre zu den besten Ihres bisherigen Lebens zu machen? Dann ernenne ich Sie hiermit zum Ehrennordlicht, damit Sie Ihre erfolgreiche, leuchtende und erfüllende Zukunft mit dem wohl kraftvollsten Wort einläuten können, das es gibt: *Moin*. Probieren Sie es am besten gleich aus und lassen sich überraschen, welchen emotionalen Schub Sie erhalten werden. Die Zukunft wartet nur darauf, von Ihnen erobert zu werden, und hoffentlich können Sie es kaum noch abwarten, sich voller Hingabe an die Umsetzung zu machen. Um Sie für die ersten Schritte noch mit ein wenig Inspiration zu versorgen, möchte ich gern noch drei kurze, knackige, insbesondere aber kraftvolle Ideen mit Ihnen teilen.

DIE 1-66-1-FORMEL

An diesem Punkt haben Sie wahrscheinlich so viele verschiedene Ideen im Kopf, dass Sie am liebsten alle auf einmal umsetzen würden, habe ich recht? Doch zum einen kann dies schnell wieder im Selbstoptimierungswahn enden und zweitens ist die Gefahr einfach zu groß, dass Sie sich verzetteln. Ich möchte Ihnen daher gern die 1-66-1-Formel vorstellen, die in meinem Leben (und in dem vieler meiner Kunden) schon wahre Wunder bewirkt hat. Wenn Sie das Buch bis hierhin gelesen haben, dann sollten Sie mittlerweile wissen, dass ich nicht wirklich zu Übertreibungen neige. Die Idee dahinter ist folgende: Konzentrieren Sie sich auf eine Sache, für sechsundsechzig Tage, und widmen Sie sich dieser für den gesamten Zeitraum eine Stunde pro Tag. Genau dafür stehen die einzelnen Zahlen der Formel.

1 - EINE EINZIGE SACHE

Der Fokus auf ein Ziel, eine neue Gewohnheit oder das Erlernen eines neuen Skills ist entscheidend. Auf diese Weise vermeiden Sie nicht nur jegliche Ablenkung, sondern können auch sämtliche Ressourcen für den Erfolg des aktuellen Projekts einsetzen.

66 - SECHSUNDSECHZIG TAGE

Wie wir aus Kapitel 2 wissen, dauert es im Schnitt 66 Tage, um eine neue Gewohnheit zu etablieren. Dieser Zeitraum eignet sich daher perfekt als Meilenstein, um eine gewünschte Veränderung nachhaltig umzusetzen.

1 - EINE STUNDE PRO TAG

Eine Stunde klingt zunächst einmal nicht viel, doch wenn Sie täglich 60 Minuten fokussiert an Ihrem Projekt arbeiten, dann werden die Auswirkungen riesig sein. Falls Sie jetzt einwenden:

«Aber wie soll ich denn eine Stunde am Tag freischaufeln, mein Kalender ist doch bereits bis zum Anschlag gefüllt?», dann habe ich hier ein paar Vorschläge: Stehen Sie eine Stunde früher auf. Verzichten Sie auf die tägliche Netflix-Session. Delegieren Sie Aufgaben, für die externe Spezialisten sowieso besser geeignet wären. Oder nutzen Sie die Zeit nach Feierabend, in der Sie bisher mit intensivem Chillaxing beschäftigt waren.[51] Wie immer gelten die beiden folgenden Prinzipien des «UnChange-Mindsets»:
1) Wo ein Wille ist, da findet sich ein Weg und
2) Wie viel Zeit Sie sich für etwas nehmen, ist immer eine Frage der Priorität.

Wenn Sie die 1-66-1-Formel konsequent anwenden, dann sind Sie in der Lage, im Laufe eines einzigen Jahres die unterschiedlichsten Veränderungsprojekte nicht nur anzugehen, sondern neue Verhaltensweisen, Entscheidungsstrategien oder Denkmuster auch zu einem unbewussten Automatismus werden zu lassen. Stellen Sie sich nur mal vor, was Sie alles in zwei, fünf oder gar zehn Jahren erreichen können. Die Konsistenz ist dabei viel wichtiger als die Größe der Veränderungen. Wenn Sie jeden einzelnen Tag nur ein Prozent besser werden, dann sind Sie in 70 Tagen bereits doppelt so gut wie heute. Während Sie diese Aussage möglicherweise mit Ihrem Taschenrechner noch einmal überprüfen, möchte ich die nächste Idee mit Ihnen teilen.

DIE NULLLINIE VERSCHIEBEN

Möglicherweise fragen Sie sich nämlich gerade, woran Sie denn konkret erkennen können, dass Sie besser werden und sich Ihr «UnChange-Mindset» immer mehr ausprägt. Zu Beginn werden die Ergebnisse so offensichtlich sein, dass Sie Ihnen direkt ins Auge springen werden. Es ist ein wenig wie bei einer Diät. Die ersten drei bis fünf Kilo verlieren Sie relativ schnell und auch an Ihrem Körper können Sie die Veränderungen optisch gut erkennen. Aber irgendwann verlangsamt sich der Prozess, sodass die Ergebnisse mit dem bloßen Auge kaum noch wahrzunehmen sind. Aber doch geht er weiter. Nicht mehr im Bereich der Kilos, sondern nur noch grammweise. Wie sehr dieses Muster der Entwicklung Ihres *Mindsets* ähnelt, ist mir vor Kurzem aufgefallen, als ich mich wie so häufig mit meinem Frisör Matthias in einer philosophischen Unterhaltung verlor. Weil es kurz vor Weihnachten war, fragte ich ihn: «Und, wie war das abgelaufene Jahr für Dich?» Er dachte kurz nach und antwortete dann: «Ach, irgendwie unspektakulär, ich hatte kaum Wendepunkte.» Was sich auf den ersten Blick trist anhört, war es aber mitnichten. Denn auf meine Frage «Hast Du denn gar nichts Außergewöhnliches erlebt?» kam sofort eine lange Aufzählung besonderer Momente, die er im Laufe der letzten Monate erlebt hatte. Dadurch ist mir eine Tatsache umgehend bewusst geworden:

Das Ausmaß, in dem Sie Veränderungen in Ihrem Leben bewusst wahrnehmen, verhält sich negativ reziprok zum Entwicklungsstand Ihres «UnChange-Mindsets».

Bitte verzeihen Sie mir die komplizierte Ausdrucksweise, hier kommt die alltagstaugliche Erklärung:

Die Frage ist nicht, ob das Leben schön ist,

sondern ob Sie es wahrnehmen.

Das klingt immer noch wie ein böhmisches Dorf für Sie? Dann lassen Sie es mich wie folgt beschreiben. Wenn Sie ein mittelmäßiges Leben führen, dessen graue Tage von den immer gleichen Abläufen gekennzeichnet sind, dann sticht bereits die kleinste Veränderung heraus. Je bunter und abwechslungsreicher Ihr Alltag jedoch wird, desto normaler werden diese ehemals besonderen Erlebnisse. Weil sich die Nulllinie langsam aber stetig nach oben verschiebt. Dies ist auf der einen Seite natürlich schön, birgt aber auch die Gefahr, dass die große Anzahl an besonderen und außergewöhnlichen Momenten für Sie irgendwann so selbstverständlich wird, dass Sie diese gar nicht mehr wahrnehmen. Wie immer liegt ab dann die Lösung in der richtigen Balance. Auf der einen Seite alles dafür zu tun, Ihre ganz persönliche Nulllinie so weit es geht nach oben zu verschieben, sich andererseits aber auch den Blick für die vielen schönen Momente zu bewahren, die bei der Vielzahl von außergewöhnlichen Erlebnissen gern unterzugehen drohen.

WAS WIRKLICH WICHTIG IST

Kommen wir zur letzten der drei angekündigten Ideen. Diese entspringt einer Coachingsession, in der mir eine erfolgreiche Unternehmerin von der schwierigsten Phase ihres Lebens erzählte. Sie war dauerhaft schlapp, frustriert und konnte sich kaum aufraffen, die kleinsten Tätigkeiten des Alltags durchzuführen. Da sie zur besagten Zeit viele Seminare mit esoterischem Touch besuchte, entschied sie sich gegen professionelle Hilfe und konsultierte stattdessen einen Life-Coach. Dieser empfahl ihr, eine von ihm aufgenommene und auf CD gepresste Meditation zum Preis von 199 Euro zu erwerben, mit der es ihr gelingen würde, ihr *Mindset* weg von Mangel, Selbstsabotage und Unzufriedenheit und hin zu Fülle, Erfolg und Glück umzuprogrammieren.

Voller Verzweiflung gab die sehr intelligente Dame das Geld aus und die CD wurde ihr täglicher Begleiter. Wann immer Sie konnte, lauschte sie den Affirmationen und Botschaften des Coaches. Anfangs nur zum Einschlafen und zum Aufwachen. Später dann auch in der Mittagspause. Irgendwann lief sie den kompletten Tag. Doch ihr Zustand wurde nicht etwa besser, sondern verschlechterte sich kontinuierlich. Bis sie irgendwann eine bewusste Entscheidung traf und die Reißleine zog. Sie schmiss die CD in den Müll und begab sich gemeinsam mit einer Freundin auf eine dreimonatige Reise durch Asien, die ihr nicht nur eine Menge Klarheit brachte, sondern ihr auch die verloren gegangene Lebensfreude und Zufriedenheit zurückbrachte.

Eine Aussage ist mir aus unserem Gespräch bis heute hängen geblieben: «Ich war so darauf fixiert, dass mit mir etwas nicht stimmen würde, und ich habe meine gesamte Hoffnung darauf aufgebaut, dass die CD mir dabei helfen würde, endlich wieder ein glückliches und zufriedenes Leben zu führen. Allerdings war ich so damit beschäftigt, an mir selbst herumzudoktern, dass ich überhaupt keine Zeit mehr für das eigentliche Leben selbst hatte. Alles war auf die Optimierung meines Verhaltens, meiner Denkmuster und meiner Gewohnheiten fokussiert. Erst als ich begonnen habe, das Leben wieder mit Haut und Haaren zu genießen, habe ich verstanden, was mir gefehlt hat: Nämlich nichts. Ich hatte nur für eine lange Zeit vergessen, was wirklich wichtig ist und worauf es ankommt.»

Wie viel Wahrheit doch in diesen Worten steckt, nicht wahr? Mit dieser Idee schlagen wir auch den ganz großen Bogen zum Anfang des Buches. Bei aller Relevanz von persönlicher Entwicklung und den dazugehörigen Veränderungen, sollten wir doch niemals vergessen, warum und wofür wir das alles machen. Ich möchte die Gelegenheit daher nutzen, Sie noch einmal in aller Deutlichkeit daran zu erinnern, was wirklich wichtig ist und worauf es im Leben ankommt. Und natürlich auch, worauf nicht. Damit wollen wir jetzt und hier beginnen.

WORUM ES IM LEBEN NICHT GEHT

- Sich vom Zwang des Schneller-Höher-Weiter anstecken zu lassen.
- Die Ziele anderer zu verfolgen und das eigene Verhalten an den Erwartungen Ihres Umfelds auszurichten.
- Einen gut bezahlten Job, aber keine Freunde zu haben.
- Irgendwann zu bereuen, dass Sie sich nicht getraut haben, Ihre Träume zu leben, weil Ihnen der Mut zur Umsetzung gefehlt hat.
- Sich von Wochenende zu Wochenende zu schleppen, weil Sie einen Job ausüben, der Sie langweilt, frustriert und psychisch belastet.
- Ein mittelmäßiges Leben ohne Purpose und einen klaren Antrieb zu führen.
- Festzustellen, dass Sie es verpasst haben, Ihre Kinder aufwachsen zu sehen, weil es im Leben nur Ihre Arbeit gibt.
- Die Jagd nach immer mehr Geld, Status, Macht und Luxus.
- Sich über 40 Jahre für einen langweiligen Job abzurackern, um dann mit 67 Jahren das richtige Leben zu starten.
- Die eigene Gesundheit aufs Spiel zu setzen, weil Sie ein Sklave Ihres Terminkalenders sind.
- Keine Menschen zu haben, vor denen Sie sein können, wie Sie sind, und mit denen Sie Ihr Glück und Ihre Sorgen teilen können.

WORUM ES IM LEBEN WIRKLICH GEHT

- Ein erfülltes Leben, das von Freiheit und Selbstbestimmung gekennzeichnet ist.
- Zu geben, zu geben und nochmals zu geben und erst im Anschluss ans Nehmen zu denken.
- Sich selbst ein Umfeld von Menschen zu schaffen, auf die immer Verlass ist und die sich im Gegenzug ebenfalls auf einen verlassen können.
- Zu wissen, wer Sie wirklich sind, und sich zu trauen, Ihre Persönlichkeit zu leben.
- Den Fokus auf tiefe, echte und nachhaltige Beziehungen zu richten.
- Um Dankbarkeit, Demut und Bodenständigkeit.
- Groß zu träumen, mutig zu entscheiden und intensiv zu leben.
- Auch im hohen Alter niemals satt zu sein und ein Leben lang zu lernen.
- Im Einklang mit den eigenen Werten zu leben.
- Freunde zu haben, die jederzeit für Sie da sind.
- Das zu lieben, was Sie tun.
- Sich die Freiheit zu nehmen, nicht nach den Regeln der großen Masse zu funktionieren.
- Um Sinnhaftigkeit, Bedeutung und Bewusstheit.
- In sich zu ruhen und die Gewissheit zu haben, für jede Fügung des Lebens eine passende Lösung zu finden.
- Sich an den kleinen Dingen des Lebens erfreuen zu können.
- Zu wissen, dass unsere Zeit auf Erden nur geschenkt ist, und genau aus diesem Grund jede einzelne Sekunde in vollster Intensität auszukosten.

Mit Sicherheit hätte ich beide Listen noch beliebig fortführen können. Entscheidend ist sowieso nur eine einzige Sache. Dass SIE wissen, worauf es in IHREM Leben ankommt. An dieser Liste sollte sich alles andere ausrichten. Ohne Druck und Zwang, sondern mit viel Leichtigkeit und Balance. Das wiederum erinnert mich daran, dass wir ja noch eine Frage aus dem Prolog offen haben: Wie viel und was ist wirklich «genug»? Auf diese Frage möchte ich Ihnen nun meine ganz persönliche Antwort geben:

Ihr Bestes ist genug. Und zwar immer.

In diesem Sinne: Moin Zukunft!

Herzlichst, Ihr Ilja Grzeskowitz

EINE BITTE UND EIN ANGEBOT

Falls das Buch oder eine bestimmte Idee für Sie wertvoll waren, dann möchte ich Sie an dieser Stelle um einen großen Gefallen bitten. Es wäre riesig, wenn Sie mir eine kurze Rezension auf Amazon schreiben könnten. Das Ganze dauert nur zwei Minuten, hilft mir als Autor und potenziellen Leserinnen und Lesern aber ungemein. Seien Sie versichert, dass ich Ihnen ewig dankbar sein werde.

Im Gegenzug habe ich mir überlegt, was ich Ihnen Gutes tun könnte. Eine perfekte Möglichkeit, viele der Ideen aus diesem Buch praktisch anzuwenden, ist meine jährliche Coachingausbildung. Es wäre eine perfekte Gelegenheit, dass wir uns persönlich kennenlernen könnten, und das Seminar ist laut ehemaligen Teilnehmern wirklich lebensverändernd. Egal ob Sie Coach sind bzw. werden wollen oder den für die Zukunft so entscheidenden Skill Coaching in einer anderen Funktion nutzen wollen, in diesem Seminar lernen Sie alles Wichtige, um sich selbst und andere effektiv und nachhaltig durch Veränderungsprozesse führen zu können.

Alle Infos, die Daten und die Möglichkeit zur Anmeldung finden Sie auf meiner Webseite www.iljagee.de.

Und wenn Sie beim Check-out den Coupon-Code *MINDSET-REV20* eingeben, dann können Sie auf die Seminargebühr 20 Prozent sparen.

DANKSAGUNG

Wissen Sie, was zu den schönsten Momenten im Leben eines Autors gehört? Wenn Sie zum ersten Mal die gedruckte Version eines neuen Buches in den Händen halten. Weil Sie in diesen Augenblicken von einer emotionalen Welle erfasst werden, die sich schwer mit Worten beschreiben lässt. Auch nach mittlerweile über einem Dutzend Büchern, der Übersetzung in die verschiedensten Sprachen und der Veröffentlichung rund um die Welt sind diese Momente für mich keinesfalls zur Routine geworden, sondern immer noch genauso intensiv wie beim allerersten Mal. Weil sie mich daran erinnern, was passiert, wenn man eine spontane Idee oder einen flüchtigen Gedanken nicht verwirft, sondern weiterverfolgt, entwickelt und ausbaut. Was bei mir mit einer harmlosen Frage im Jahr 2015 begann, halten Sie nun in gedruckter Form als «Die Mindset-Revolution» in Ihren Händen, und ich hoffe sehr, dass es mir gelungen ist, mein Herzblut und meine Leidenschaft beim Schreiben in das finale Ergebnis einfließen zu lassen.

Ein wichtiger Satz im Buch lautet: «Niemand gewinnt allein.» Und nie stimmte eine Aussage mehr als im Leben eines Autors. Auch wenn ein Großteil der Arbeit aus einsamer Recherche, dem Konzipieren von Inhalten und dem nie aufhörenden Kampf mit dem leeren Bildschirm besteht, so ist die Realisierung eines Buchprojekts immer das Ergebnis von Teamwork. Und genau diesen Menschen möchte ich an dieser Stelle meine tiefe Dankbarkeit aussprechen.

Da ist zu allererst meine Familie, die mich seit vielen Jahren in meiner kreativen Arbeit unterstützt, an mich glaubt und es mir nicht übel nimmt, wenn ich in den ungewöhnlichsten Momenten an der Umsetzung spontaner Ideen arbeite. Ihr seid mein emotionaler Anker, meine nie versiegende Quelle der Inspiration und überhaupt das Wichtigste in meinem Leben.

Zum ersten Mal überhaupt habe ich bei der «Mindset-Revolution» mit dem Remote Verlag zusammengearbeitet. Obwohl wir eher zufällig zueinandergefunden haben, sagte mir mein Bauchgefühl schnell, dass wir auf einer Wellenlänge liegen, denn neben der Leidenschaft für ortsunabhängiges Arbeiten vereint uns insbesondere eine Eigenschaft: die Leidenschaft für gute Bücher. Mein besonderer Dank gilt daher stellvertretend für das gesamte Verlagsteam folgenden Personen: Nico Hullmann für ein erstes Gespräch, das dazu geführt hat, dass ich eine meiner berühmten Bauchentscheidungen getroffen habe. Melanie Krauß, die als Projektleiterin sämtliche Fäden in der Hand hielt, nie den Überblick verlor und mir als wertvolle Sparringspartnerin für meine Ideen zur Seite stand. An Zarka Bandeira für die geniale Covergestaltung. Und last, but not least an Annika Gutermuth, die als Lektorin die Qualität meines Manuskripts noch einmal dramatisch erhöht hat. Ich habe die Zusammenarbeit mit Euch allen sehr genossen.

Das nächste riesige Dankeschön geht an Thomas Muderlak und das gesamte Team meiner Agentur 5 Sterne Redner. Ich kann es kaum glauben, dass wir nun bereits seit über zehn Jahren zusammenarbeiten und ihr dafür sorgt, dass die Inhalte meiner Bücher den Weg auf die Bühnen rund um die Welt finden. Jede und jeder Einzelne von Euch ist eine wunderbare Persönlichkeit, aber erst als Team entfaltet Ihr Eure große Stärke. Liebe Nadine, Juliane, Manuela, Melina, Marianne, Sabrina, Kristina und natürlich Michi als Hahn im Korb, es ist mir eine große Ehre, Euch an meiner Seite zu wissen. Dies gilt noch viel mehr für den Ex-5-Sterne-Häuptling Heinrich Kürzeder, der nicht nur als Mentor, Manager und Macher meine Karriere von

Anfang an begleitet hat, sondern mit dem mich mittlerweile eine langjährige Freundschaft verbindet.

Wenn man so viel unterwegs ist wie ich, dann kann es schnell passieren, dass man sich zu einem Einzelkämpfer entwickelt, der blinde Flecken entwickelt, nicht mehr über den Tellerrand blickt und es sich in der eigenen Komfortzone bequem macht. Ich bin daher sehr dankbar, dass ich so viele Freunde, Bekannte und Kollegen habe, mit denen ich mich regelmäßig austausche. Euer Feedback hilft mir bei der Entwicklung neuer Ideen, hält meine Gedanken flexibel, holt mich aber auch häufig (und berechtigterweise) auf den Boden der Tatsachen zurück. Ich danke daher meinem engsten Freundeskreis, all den Kolleginnen und Kollegen aus meinem Inner Circle, meinen beiden Rednervereinigungen, der PSAUKI und der VSAI, sowie allen offiziellen und inoffiziellen Mastermindgruppen, deren Mitglied ich bin. Ohne Euch wäre ich nicht da, wo ich bin.

Ich kann meinen großartigen Kunden gar nicht genug Dank aussprechen, denn die vielen Menschen da draußen sind es, für die ich jeden Morgen aufstehe und meiner Berufung als Keynote-Speaker und Autor nachgehe. Ich danke daher sowohl meiner treuen Community an Leserinnen und Lesern, die meinen Büchern seit vielen Jahren die Treue halten, insbesondere aber denen, die mit der Mindset-Revolution neu hinzugekommen sind. Ich freue mich immer noch wie ein kleines Kind über jede E-Mail, Social-Media-Message oder über die seltenen Briefe, in denen Menschen mir mitteilen, wie sehr meine Ideen ihr Leben zum Positiven verändert haben. Es klingt wie ein Klischee, aber diese Momente können Sie nicht in Geld, Gold oder Bitcoin aufwiegen. Der gleiche Dank gilt den unzähligen Unternehmen und Organisationen, die mich seit vielen Jahren als Redner buchen, auf meine Expertise und Veränderungskompetenz vertrauen und nicht selten auch meine

Bücher an alle Teilnehmenden auf den verschiedenen Events als besonderen Mehrwert verschenken. Nicht nur zählen diese Signierstunden zu meinen absoluten Lieblingsbeschäftigungen (Wink mit dem Zaunpfahl), sondern sie führen auch immer wieder zu extrem wertvollen Menschen, mit denen ich teilweise heute noch in Kontakt stehe.

Abschließend möchte ich einer ganz besonderen Gruppe danken, nämlich meinen Buch-Influencern, die mir beim Entwickeln des Konzepts, des Exposées, der einzelnen Kapitel, des Buchtitels und des Covers nicht nur mit konstruktivem Feedback, sondern vor allem mit kreativen Ideen und Vorschlägen geholfen haben, dieses Buch zu hoffentlich etwas ganz Besonderem zu machen. Insgesamt haben mich über 50 Personen supportet, Euch allen bin ich riesig dankbar, Ihr seid einfach die besten Change-Rebellen mit Leib und Seele!

ÜBER DEN AUTOR

Ilja Grzeskowitz ist globaler Keynote Speaker, Start-up Coach und Experte für Veränderung. Als jüngster Geschäftsführer Deutschlands bei Karstadt und IKEA war er für insgesamt zehn Standorte in ganz Deutschland verantwortlich, ehe er im Jahr 2009 sein eigenes Unternehmen gründete. Der Wirtschaftswissenschaftler war Lehrbeauftragter an der Berlin School of Law and Economics und hat als Autor bereits zwölf Bücher veröffentlicht.

ENDNOTEN

[1] Den Originaltext können Sie hier nachlesen: https://www.fastcompany.com/1737273/kurt-vonnnegut-having-enough-reminder-no-asshole-rule

[2] Dies haben sowohl der Psychologe Stephan Grünewald als auch der Sozialwissenschaftler Prof. Dr. Ernst von Kardorff in entsprechenden Studien empirisch belegt.

[3] Eine auf dem gleichnamigen Buch von Robin Sharma basierende Philosophie, nach der man produktiver ist, wenn man morgens um 5 Uhr aufsteht.

[4] Die Technik des Power Posing hat zwar einen wissenschaftlichen Hintergrund, wird allgemein jedoch kritisch betrachtet: https://de.wikipedia.org/wiki/Power_Posing

[5] Die Metapher mit dem Adler und dem Huhn ist eine der bekanntesten, gleichsam aber abgedroschensten Motivationsfloskeln. Hierzu sehr empfehlenswert ist das Buch *Der Löwe ist der Hai unter den Adlern*.

[6] https://de.wikipedia.org/wiki/Mentalit%C3%A4t

[7] Siehe: https://marvel-filme.fandom.com/de/wiki/J.A.R.V.I.S.

[8] https://unmarketing.com/

[9] Der Unterschied von Push- und Pull-Strategie im Marketing wird in diesem Artikel gut zusammengefasst: https://www.kompetenzzentrum-kommunikation.de/artikel/push-und-pull-marketing-was-ist-das-613/

[10] Das Format der UnConference: https://en.wikipedia.org/wiki/Unconference

[11] Die komplette Liste der Top Skills für 2025 finden Sie hier: https://www.weforum.org/agenda/2020/10/top-10-work-skills-of-tomorrow-how-long-it-takes-to-learn-them/

[12] Den Begriff Changewashing habe ich das erste Mal von Autor Wolf Lotter gehört, der mich mit dem Wort zu einer intensiven Beschäftigung mit dem Thema inspiriert hat.

[13] Denken Sie bspw. an den Pride-Monat Juni, wo viele Unternehmen ihre Logos in den Regenbogenfarben der LGBTQ-Community schmücken.

[14] https://de.wikipedia.org/wiki/Tarahumara

[15] Umgerechnet in Kilometer entspricht das ungefähr der Strecke eines kompletten Marathons.

[16] R. Rosenthal and L. Jacobson, *Pygmalion in the Classroom*, Urban Review 3 (1968): 16–20.

[17] Die Geschichte stammt aus dem Buch *Beliefs* von Robert Dilts.

[18] https://en.wikipedia.org/wiki/Viktor_Frankl

[19] Hier können Sie die Rede nachlesen: https://www.opensourceshakespeare.org/views/plays/play_view.php?WorkID=henry5&Act=4&Scene=3&Scope=scene

[20] Zumindest gilt dies bei uns in Westeuropa. Während ich diese Zeilen schreibe, sind meine Gedanken bei den tapferen Ukrainern, die gerade um ihr Leben und für ihre Freiheit kämpfen.

[21] Zarpen ist ein Dorf ca. 12 Kilometer außerhalb von Lübeck.

[22] Natürlich handelt es sich nicht um den richtigen Namen, dieser wurde aus Gründen der Persönlichkeitsrechte von mir geändert.

[23] Siehe: https://de.wikipedia.org/wiki/Dunning-Kruger-Effekt

[24] Sie können sich das Interview hier anhören bzw. nachlesen: https://tim.blog/2021/12/14/jerry-colonna-2/

[25] https://www.spektrum.de/news/die-titanic-hatte-auch-pech-mit-dem-eisberg/1305286#:~:text=Tats%C3%A4chlich%20passe%20das%20Foto%20zu,war%20etwa%20122%20Meter%20lang.

[26] Siehe: https://rmets.onlinelibrary.wiley.com/doi/full/10.1002/wea.2238#:~:text=The%20iceberg%20that%20sank%20the,400%20feet%20(122m)%20long.

[27] Bei dieser Grafik handelt es sich um eine überarbeitete und erweiterte Version des Modells des Veränderungs-Diamanten, das ich in meinem Buch *Radikal Menschlich* ausführlich beschrieben habe.

[28] In Anlehnung an die Radio-Eriwan-Witze, die in meiner Jugend sehr populär waren: https://de.wikipedia.org/wiki/Radio_Eriwan

[29] Eine Bucketliste ist eine Liste mit 100 Dingen, die man unbedingt erleben, tun oder haben möchte, bevor man stirbt.

[30] Siehe: https://www.mckinsey.com/capabilities/strategy-and-corporate-finance/our-insights/innovation-in-a-crisis-why-it-is-more-critical-than-ever

[31] Start-ups während der Pandemie: https://www.handels-blatt.com/unternehmen/mittelstand/start-ups-gruendung-waehrend-corona-mit-welchen-ideen-jung-unternehmer-erfolgreich-sein-wollen/26002602.html

[32] Hier der Originaltweet: https://twitter.com/JoeKaeser/status/1192786315143716866

[33] Die komplette Hintergrundstory finden Sie in meinem Buch *Mach es einfach!*

[34] Die Beschreibung basiert auf der von Paul McLean entwickelten Theorie des Triune Brains, welche mittlerweile wissenschaftlich wesentlich weiterentwickelt wurde, aber in ihrer Grundaussage immer noch die Funktionsweise des Gehirns gut beschreibt, siehe auch: https://medicine.yale.edu/news/yale-medicine-magazine/article/a-theory-abandoned-but-still-compelling/

[35] Siehe: https://brainworldmagazine.com/know-your-brain-the-amygdala-unlocking-the-reptilian-brain/

[36] Eine ausführliche Beschreibung des Großhirns: https://www.kenhub.com/de/library/anatomie/neokortex-isokortex

[37] Sie können es sich hier anschauen: https://youtu.be/sTJ7AzBIJoI

[38] Sie finden den Artikel hier: https://www.forbes.com/sites/johnkotter/2016/02/16/bowie-leadership-turn-and-face-the-strange/

[39] Die faszinierende Geschichte ihres Sieges finden Sie hier: https://www.trailrunnermag.com/people/news-people/ courtney-dauwalter-wins-moab-240/

[40] Die Studie «Motivating Personal Growth by Seeking Discomfort»: https://journals.sagepub.com/eprint/ GYY8QMPZAJRVRZQD7EJT/full

[41] Hiermit ist eine Marktbewertung von Unternehmen gemeint, deren Marktwert über 1 Mrd. Dollar beträgt.

[42] Usain Bolt ist der einzige Mensch, der es jemals geschafft hat, die 100 Meter unter 9,6 Sekunden zu laufen.

[43] Bitte verzeihen Sie mir diesen kurzen Fanboy-Moment.

[44] Die wiederum auf Basis unserer Werte und Überzeugungen entstehen.

[45] Diesen Trend gab es tatsächlich: https://de.wikipedia.org/ wiki/Bagelhead

[46] Ich habe ihn 2008 auf dem NLP-Trainers-Training kennengelernt und einige Jahre mit ihm zusammengearbeitet. Heute sehe ich die Methode des Neurolinguistischen Programmierens durchaus kritisch. Aber erstens war ich jung und brauchte das Geld, und zweitens nutze ich einige Techniken auch heute noch gern.

[47] Ich habe sie zum ersten Mal in meinem Buch Attitüde vorgestellt und seitdem sukzessive weiter entwickelt.

[48] Für die jüngeren Leserinnen: Platten waren die Vorgänger der CDs, die wiederum die Vorgänger von Streamingdiensten wie Spotify und Co. waren.

[49] Auch hier wurde im Jahr 2009 ein Weltrekord aufgestellt, als in den Niederlanden der größte Dominostein der Geschichte fiel: https://www.youtube.com/watch?v=8yYWILv91YU&t=192s

[50] Damals eine meiner Lieblingssendungen im Fernsehen.

[51] Chillaxing = Die Kombination aus Chillen und Relaxing.

LITERATURVERZEICHNIS

- **Chödrön, Perma:** Don't Bite the Hook: Finding Freedom from Anger, Resentment, and Other Destructive Emotions, Shambhala Audio, 2007

- **Clear, James:** Die 1%-Methode – Minimale Veränderung, maximale Wirkung: Mit kleinen Gewohnheiten jedes Ziel erreichen, Goldmann Verlag, 2020

- **Dilts, Robert:** Beliefs – Pathways to Health and Well-Being, Crown House Publishing, 2012

- **Dweck, Dr. Carol S.:** Mindset – Changing the Way You think to Fulfil Your Potential, Robinson Verlag, Updated Edition, 2017

- **Frankl, Viktor:** ... trotzdem Ja zum Leben sagen: Ein Psychologe erlebt das Konzentrationslager, Penguin Verlag, 2018

- **Hall, Kindra:** Choose Your Story, Change Your Life: Silence Your Inner Critic and Rewrite Your Life from the Inside Out, Haper Collins, 2022

- **Hill, Napoleon:** Think and Grow Rich: Die ungekürzte und unveränderte Originalausgabe von «Denke nach und werde reich» von 1937, Finanzbuchverlag, 2019

- **Godin, Seth:** Linchpin – Are You Indispensible, Piatkus Verlag, 2018

- **Grzeskowitz, Ilja:** Attitüde – Erfolg durch die richtige innere Haltung, GABAL Verlag, 4. Auflage, 2013

- **Grzeskowitz, Ilja:** Mach es einfach – Warum wir keine Erlaubnis brauchen, um unser Leben zu verändern, Gabal Verlag, 2016

- **Grzeskowitz, Ilja:** Radikal Menschlich – Erfolgsfaktor Persönlichkeit in Zeiten der Veränderung, Gabal Verlag, 2018

- **Hof, Wim:** The Wim Hof Method: Activate Your Potential, Transcend Your Limits, Rider Verlag, 2020

- **McDougall, Christopher:** Born to Run: The Hidden Tribe, the Ultra-Runners, and the Greatest Race the World Has Never Seen, Profile Books, 2010

- **Pressfield, Steven:** The War of Art – Break Through the Blocks and Win Your Inner Creative Battles, Black Irish Entertainment, 2012

- **Seligman, Martin:** Pessimisten küsst man nicht: Optimismus kann man lernen, Droemer Knaur, 1993

- **Sharma, Robin:** The 5 AM Club: Own Your Morning. Elevate Your Life, Harper Collins, 2018

- **Strutz, Christopher:** Der Löwe ist der Hai unter den Adlern: Über den Sinn und Unsinn von Motivationssprüchen, Eichborn, 2022

- **Wilson, Robert Anton:** Der neue Prometheus – Die Evolution unserer Intelligenz, Rowohlt, 1987

Entdecke
weitere Bücher in unserem
Online-Shop

www.remote-verlag.de

Printed in Poland
by Amazon Fulfillment
Poland Sp. z o.o., Wrocław

21331144R00132